远航

——悦纳提升

主　编◎梁　平

副主编◎刘显志

编　委◎朱正仙　曲莲花　张婷婷　徐程程

　　　　张丽莉

中国海洋大学出版社

·青岛·

图书在版编目（CIP）数据

远航：悦纳提升 / 梁平主编. —青岛：中国海洋大学
出版社，2022.10

ISBN 978-7-5670-3313-9

Ⅰ．①远…　Ⅱ．①梁…　Ⅲ．①中小学教育－案例
Ⅳ．①G63

中国版本图书馆CIP数据核字（2022）第198759号

出版发行	中国海洋大学出版社
社　　址	青岛市香港东路 23 号　　**邮政编码**　266071
网　　址	http://pub.ouc.edu.cn
出 版 人	刘文菁
责任编辑	孟显丽
电　　话	0532-85901092
电子信箱	1079285664@qq.com
印　　制	青岛国彩印刷股份有限公司
版　　次	2022 年 10 月第 1 版
印　　次	2022 年 10 月第 1 次印刷
成品尺寸	170 mm × 230 mm
印　　张	11.5
字　　数	192 千
印　　数	1～1000
定　　价	45.00 元
订购电话	0532-82032573（传真）

发现印装质量问题，请致电 0532-58700166，由印刷厂负责调换。

序

　　教师专业发展主要指教师在专业思想、专业知识、专业能力等方面建立自主发展意识，完善职业规范和价值观，逐渐胜任教师专业角色的过程。教师专业发展贯穿于职业生涯之中，是一个由不成熟到相对成熟再到终生提高的过程；也就是说，教师专业发展的不同阶段，不仅会表现出教师的教育教学行为或技能在数量上的增加，而且会表现出教师个人思维方式和行为方式不断出现新的改变或形成新的模式，即教师专业发展的不同阶段会呈现出水平不断提升的特点。

　　自20世纪60年代末美国富勒的《教师关注问卷》一书出版以来，对于教师专业发展阶段的研究，便层出不穷，且不同的学者提出了不同的见解。我国学者在这一领域也开展了一些研究。例如，邵宝祥提炼出教师专业成长的四个阶段为适应阶段、成长阶段、称职阶段、成熟阶段。通常情况下，新手教师成长为骨干教师或名师需要经历发展期、成熟期、卓越期三个时期。

　　入职教师从发展期走向成熟期是专业发展的第一次成长，专业发展进入快车道。这一时期的教师，统称骨干教师。骨干教师已经能够熟练掌握常规的教学操作程序，灵活运用各种教学策略，并根据课堂实际情况对教学计划和行为做出适当调整和控制。他们关注教学本身的价值和自身教学能力的提高，已不再为上课而上课。他们一切以学生的发展为目的，注重学生的理解、兴趣和学习效果，能够在组织教学的过程中营造充满亲和力的探究氛围，从而使学生获得最大限度的锻炼和提高。但是，进入成熟期后的教师开始分化：有些教师继续保持旺盛的求知欲，克服高原期，运用丰富的教学经验，通过培训学习和个人努力不断更新理念，成长为专家型教师；有些教师因为教学工作的重复性和知识、能力的不足，产生烦闷、抑郁、无助、倦怠、焦虑等消极情绪，成为普通教师。这意味着，教师需要不间断地多方蓄力，才能保证职业生涯再次迎来专业成长的高潮期。

教师队伍建设是关系教育质量高低的大事。骨干教师作为教育的中坚力量，承担着承前启后的使命与责任：一方面发挥示范辐射作用——传帮带，帮助新教师快速成长；另一方面要不断加强自身修为，提升专业素养和专业能力，向卓越迈进。

青岛市中小学教师培训中心多年来从事教师专业发展的培训工作，建立了教师全员培训、新教师培训、骨干教师培训、农村教师培训、校长培训五大培训体系。从调研结果看，骨干教师的发展面临着诸多问题，如缺乏理论与实践的结合、缺少专业的引领、承受的压力重等。在这样的背景下，要想让骨干教师这支教学主力军持续焕发活力，就需要给他们提供广阔的舞台，给予他们充足的辅助力。作为培训工作的组织和管理者之一，我们不断梳理骨干教师的优秀成果，以进一步引领教师队伍的梯队发展，帮助他们提高教育教学水平，提升教师自我专业发展的意识，激励他们向着"骨干—卓越—教育家"职业生涯目标不懈追求。

本书以中小学各学科骨干教师的亲身经历为素材，以案例形式讲述骨干教师的教育智慧、教育情怀以及他们在教育管理、教育教学中的探究、思考；分为教育理论研究、课堂教学实践、班级管理策略、教师职业幸福四个模块，理论与实践紧密结合，介绍优秀的骨干教师如何在课程开发、教育教学、教育科研、班级管理、克服职业倦怠等方面实现专业发展。

本书的成稿要感谢青岛市骨干教师培训班学员的大力支持，他们在繁忙的教学工作之余，不遗余力地奉献着他们的教育智慧、成长方略。我们在征得培训班学员同意后，将他们的探索和实践成果结集成册。在这一过程中，作为编者，我们被书稿中的文字和背后的人物深深打动了，每一篇文稿都彰显着老师们对教育教学的赤诚与热爱。他们不忘初心，无怨无悔。我们希冀通过他们的"现身说法"营造一种追求卓越的氛围，为更多的老师送去光和热，让他们在实现自身的专业发展、收获职业幸福的生涯之路上走得更顺畅、更自信。我们相信，有一支敬业勤勉的骨干教师队伍，青岛教育的明天一定会更加美好。

本书由梁平负责全书的统稿、审核，撰写序和篇首语《教育理论对于教师到底意味着什么？》《师者，所以传道授业解惑也》《班主任工作：累并快乐着》；刘显志负责全书的统稿、审核，撰写篇首语《做一个有教育情怀的大先生》；朱正仙负责《班级管理策略》的统稿、审核；曲莲花负责《课堂教学实践》的统稿、审核；张婷婷和张丽莉负责《教育理论探究》的统稿、审核；徐程程负责《教师职业幸福》的统稿、审核。

在本书即将出版之际，我们衷心感谢对本书的编写予以指导和大力支持的领导、同人，各位投稿的老师和参与编写的老师。由于作者水平有限，书中难免有不足之处，竭诚欢迎读者批评指正。

梁平

2022年3月

目 录

课堂教学实践

班级管理策略

教育理论研究

教育理论对于教师到底意味着什么？

　　教育理论是人们在长期的教育实践过程中总结、归纳、抽象、概括而形成的理性认识，反映了教育现象背后存在的必然联系。教育理论超越了课堂教学的实际状况，是对教育规律的揭示以及教育实践经验的总结，是经过实践检验的行之有效的教育方法的提炼与概括，又反过来对教育实践起指导作用。

　　教育理论对教师意味着懂得和遵循教育规律。我们知道，教育有其自身的客观规律，并不为人们的主观意志所转移。教育工作者只有按照教育规律办事，才能搞好教育。在课堂教学过程中，"教"有教的规律，"学"有学的规律，各门学科自身又有各自的特点与规律，掌握了这些规律才能让课堂教学取得良好的效果。

　　教学是教与学的"双边活动"，需要对许多因素进行综合、协调，以便发挥整体效应，而教育理论就是教师达成高水平"双边活动"的黏合剂和催化剂。有了教育理论的支撑，影响教学"双边活动"的诸多因素才能发生"物理"的和"化学"的各种变化。

　　骨干教师不能只满足于教育经验，更要将教育经验上升到理论，进一步提升教育实践水平。对于教育理论的研究，是教师由"教书匠"向"教育家"迈进的必由之路。

网格化生本评价，让每个生命都开花

青岛市崂山区第五中学　曲菲菲

　　唤醒自我进步的渴望，每个生命都会向着阳光生长。语文学习是一个日积月累的过程，字词要积累，经典名篇要背诵，课文要理解，作文要修改……检查起来烦了学生也累了老师，以致出现评价无效甚至负效现象。针对这种情况，我决定尝试建立一种新的增效评价机制，即网格化生本评价，让学生真正成为评价主体。

一、延迟期待与网格层递式评价

　　语文课程必须根据学生身心发展和语文学科的特点，关注学生的个体差异和不同的学习需求，爱护学生的好奇心、求知欲，充分激发学生的主动意识和进取精神，倡导自主、合作、探究的学习方式，形成学生主动学习、自主发展的局面，做语文学习的小主人。而以往的评价往往是一刀切，全班齐步走，所以出现了快车等慢车和慢车放弃追赶的现象。于是，我想到了以延迟期待为特色的网格定位层递式评价。

　　我先将全班学生根据学业成绩从高到低进行排名，然后分为六个平行小组，每个小组有六名学生。将全班学生

表1　八年级四班语文学习小组分组

编号 组别	一级（12人） 组长：		二级（12人） 组长：		三级（11人） 组长：	
	1	2	3	4	5	6
一	↓	↑	↑	↑	↑	↑
二						
三						
四						
五						
六	↓	↑	↓	↓	↓	↓

根据成绩高低按S形填表（见表1），横排是分组，学生的成绩由好到差；竖排是排号，同号的学生成绩相差无几。这样每个组都有优秀生、培优生和潜力生。

比如评价《三峡》背诵，第一天教师检查1号至2号，1至2号过关后升为"小老师"，第二天1号检查3号与5号，2号检查4号与6号。这样做，很短时间内可以把全班学生检查完毕。对于组长而言，每天检查1～2个组员任务轻、费时少，检查的过程也是对自己知识强化的过程。对于组员而言，背诵时间充裕且有"小老师"督促学习，提高了学习的主动性与积极性。全班学生结束背诵检查之后，教师再用笔试检测其自查质量，然后用同号交换阅卷的形式及时纠正错误。这样，通过一背一查一考，学生对知识的掌握可谓牢固异常。

二、目标引领与同级竞争式评价

如何让评价常评常新，让每个学生都觉得自己可以成为赢家呢？根据学生几个月来较稳定的学习成绩，我对上面的表格进行了调整，使之更加完善。我将学生进行明确的分级，而且分级设置目标，分级布置作业。这次评价的改进，让分级网格化、关系化，同号之间互相竞争，邻号之间互相追赶。

这样，1、2号为一级优秀生，3、4号为二级培优生，5、6号为三级潜力生。各级设一个级长，全面负责同级内同学的学习情况。比如，级长负责收发、检查本级学生的作业。组员上交作业后，各级级长先要检查一下成员的完成情况，确保无缺漏现象，签字后再上交老师。这样，各级级长在检查作业时，会发现自己作业的优点和不足。这对于三级组长而言也是一个挑战，自己首先要认真完成作业，然后还要让本组的成员及时上交作业。

三、分层作业布置和设定目标

一、二、三级作业由难到简，由多到少。一级作业主要是创造性拓展作业，二级主要是提高性作业，三级作业主要是基础性作业。写作方面也是如此，平时的周记，一级达到500字以上方可过关，二级达到400字即可，三级达到300字即可。同级竞争使每个学生都被注入了正能量，他们都蒸蒸日上。

目标设定上分为长期目标和短期目标。

1. 长期目标

一级学生的长期目标主要是形成严谨、踏实的学习品质；善于自学，敢于质疑，不断拓宽学习思路，努力成为特优生。二级学生的长期目标主要是培养质疑、讨论的习惯和主动求学的学习品质，向一级转化。三级学生的长期目标主要是培养同困难作斗争的品质，增强自信，从而形成认真读、写、听、说的习惯，以保障"大面积合格"的设想成为现实。

2. 短期目标

一级学生检测目标为96分以上，二级学生要求达到85分以上，三级学生要求达到72分以上。学生完成各自的目标后，其排号或级别得到相应提升。有了明确的学习目标后，学生自然有了学习的激情和动力，在平时的学习中就会认真努力。那一学期，所有的学生都完成了目标，并有多人因超越而升级。

四、唤醒自我与展示精彩式评价

评价的目的是"唤醒自我"，让每个生命都开花。于是，我对评价又进入了第三轮改革，让每个学生的才能都得到精彩展现。

这个表格在这一学期保持相对稳定，在平时的检测或者期中调研后可根据学生的表现进行适当的调整。这样，在保证工作有效开展的同时，也激发了学生的积极性和主动性。

又经过半年多的实验，我发现网格化评价模式越来越好用，它充分调动了每一个学生的学习积极性。为了更充分地调动学生的学习热情，增强学生的集体荣誉感，我又采取了超越自我展示精彩式评价。

为此，我建立起个人银行账户和小组银行账户，每个学生和每个小组账户上都有100元。每个学生每次完成背诵、作业任务后，在账户上加1元；没有完成的，扣1元；抄袭作业的，扣2元；平时检测没有达到预定目标的，扣2元；超额完成任务比如检测超过预定目标5到10分的，分别加1~2元。每个小组中，每天作业上交最快、最好的，给小组加6元；最晚上交作业且质量最差的，加1元；没有写作业的，给小组扣1元；抄袭作业的，给小组扣2元。在平时检测中，将各组成员的总成绩进行排名，第一名到最后一名分别加6到1元。每个月班级进行"富翁"评选，一、二、三级学生各级评选出的个人前三强以及六个小组评选出的集体前三强进行颁奖。为了给账户"赚钱",让学生的学习激情更浓,学生一方面要为自己"赚钱",另一方面也要为小组"赚钱",这培养了学生学习的积极性和集体荣誉感。

随着实验的进一步深入,我的网格化生本评价也进入了崭新的阶段,我们的语文课堂也因此成为学生展示自我、精彩人生的情感场。语文课上,小老师们在自己组内讲课文、修作文、批作业,几乎随时可见网格化小组评价的踪迹;讲台上,一个个小老师各显风采,令人欣喜。两年后,课堂真的已经成了学生生命互动场。此刻,他们已经忘记评价、忘记得失,只记得生命需要这种绽放的形式。

教师要树立正确的学生观:要承认差异、正视差异、适应差异;要把学生之间的差异当作一种教学资源,而不是包袱,并充分利用这种资源,推动各种层次学生的合作学习,逐步形成一种促使各个层次学生都得到发展的机制。教师要树立新型的价值观,由分数评定学生转为全面评价学生。

我的网格化生本评价正在探索中,希望我的实验能够给我的学生带来学习的愉快与超越自我的幸福!

"实践+学科" STEM+微课程构建

青岛市崂山区麦岛中学　徐卫华

古语说："物有甘苦，尝之者识；道有夷险，履之者知。"在教学中，教师应将学科课程与学生的生活融合起来，引导学生适应项目合作式学习方式，把生活带进课堂，把课堂融入实践，培养勇于探索、乐于创新的品格和能力。

一、围绕"综合运用"目标，选准主题、拓展延伸

开展综合实践活动的主题从哪里来？"实践+学科"微课程中通过"科学小讲师"的策略，开展"科学家的故事""科学世界""好玩的科学""创意创新"等主题实践，通过现场实验、PPT讲解、自制小视频等形式进行展示，综合科学、语文、历史等学科知识，激发学生的探究兴趣，引导学生体验，形成良好的学习心态，促进核心素养的提升。

利用环境的功能，挖掘身边的资源设计活动课。例如，主题活动"设计麦中，美化校园"，让学生通过手绘理想中的麦岛中学、手工制作麦岛中学模型等创意活动，结合美术、信息、物理等学科知识，培养学生的综合能力；同时，开展"环保班级"设计，倡议收集废品，以班级为单位把回收的废品集中起来，将卖废品的钱奖励在活动中表现优秀的小组或个人。在这一活动中，学生必须去了解哪些是可以回收的垃圾，哪些是不可以回收的垃圾及应怎样处理，回收后的垃圾怎么再利用，进而提高实践能力。

结合活动进行延伸，设计以纸为主题的一堂综合实践课——《神奇的纸》。学生收集资料、讨论交流，运用多学科知识自主探究纸的来历、特点、应用；将纸折成各种形状的桥面比较它们的承重力；讨论废旧纸张的再利用，最终形成学习成果。本节主题不仅激起了学生探究纸张的兴趣，而且使他们受

到爱惜纸张的教育。

以实践项目学习为引领，将科学、品德与社会、劳动技术、信息技术等课程中应用性、生活化的内容与实践结合起来，体现课程的融合，聚焦学生核心素养的培养，注重学生的体验和在实践中的自我成长。

二、坚持"活动实践"路线，转变角色、以生为本

综合实践活动课的总目标之一就是：综合实践活动课教学要围绕学生与自然的关系、学生与他人和社会的关系、学生与自我的关系进行。因此，在教学中教师要坚持以学生为本，充分尊重学生的兴趣、爱好，让学生自己选择学习的目标、内容和方式，自主提出或自主选择研究主题，创造条件让学生去做、去探索、去经历、去感受；教师只对学生进行必要的指导，不包揽学生的工作任务。为了使综合实践活动课真正成为学生喜闻乐见的课程，我们专门设立了综合实践活动课金点子二维码，对每学期的课程内容在学生中做调研，学生对实践活动课的兴趣越来越高。

在指导学生确定主题的过程中，教师应有意识地引导学生观察身边的人和事，关注周围的生活及现象，从而提出自己感兴趣又值得研究的问题；在充分尊重学生的兴趣、爱好和生活背景与生活经验的基础上，帮助学生进行取舍，确定活动的主题。这样确定出来的主题，有生活基础，学生乐意探究。

在综合实践活动课教学中，除了课堂教学，我们在课下常常结合传统节日推出了系列活动，让学生自主探究，综合运用所学的知识。这是课程设计一直坚持的理念。例如，在进行"春节特辑——感恩年夜饭"项目学习前，学生课前网上搜集并了解食物中的营养物质知识，再根据营养膳食金字塔精心分析食材的营养成分和功效，设计美味且有营养的年夜饭。学生在家人的帮助下，合理选材，再做出健康餐，做"天才小厨师"。活动实践加深了亲子关系，提高了学生的核心素养。丰富多彩的生活实践活动课，使学生不仅对知识掌握得更牢固，而且提高了动手能力，提升了对相关学科的学习兴趣，培养了主动探究问题的意识。主动学习并做到理论与实践相结合，这才是学生学习的最佳状态。

在《走进崂山》课程中，学生利用假期采访相关专家和崂山当地人，自己到崂山各实践基地、档案室收集资料，而教师只是提前与相关场馆进行沟通。学生

在采访中的表现赢得了茶博馆等实践基地的肯定。他们全面而准确地收集并整理了相关资料，在了解本土文化的同时体验了自我成长，收获了充实的自我。

三、提升探究性学习能力，学生全程参与，教师精准引导

在综合实践活动课教学实施中，教师应注重及时了解学生探究活动的开展情况，在各个阶段有针对性地进行指导、点拨与督促；及时组织灵活多样的交流、探讨活动，促进学生的自我教育，进一步提高他们的学习积极性。

对于时常有学生在实验楼斜坡通道快跑导致摔倒的现象，学校虽然多次强调但效果并不好。针对这一现象，教师引导学生设计探究《斜坡上的速度》这一课题。在活动实施中，教师让学生准备测量工具，设计测量方案表格，分析误差，得出数据进行分析。由于初一的学生对有些工具还不会使用，我便将秒表的使用方法录制成微课引导他们学习。学生一开始测量时，时间记录得不准确，我又让学生观看运动会百米跑的录像，借来烟雾枪，充当起点老师，引导学生通过操场跑道和斜坡对比实验测定平均速度。学生测完数据后，我指导学生运用求平均值的方法减少误差，引导他们上网查找斜坡上速度过快的不安全因素，由此发出倡议书，倡导学生过斜坡要有序慢行，还制作了提示标志牌。

又如在《零花钱该怎么花》课程实施中，前期准备阶段，我以指导制订研究方案为重点，以求准确把握研究的进程、方向、方法、质量等；在中期探究阶段，我以把握探究活动进展为重点，通过交流、汇报、小组竞争等形式，了解学生小组的研究情况，强化学生的研究兴趣和信心，监控探究活动的进展情况，以确保整个计划的顺利实施；在后期总结阶段，我以经验交流为重点，分小组总结综合实践活动的经验，包括探究活动体验、研究过程、团队合作与沟通的技能等，同时让每个学生总结探究活动中的个人体会，在班级内交流，以便分享经验、促进探究能力的提高。在此基础上，我启发学生思考成功的经验和失败的教训，肯定积极的方面，指出存在的问题，提出进一步研究的方向，鼓励学生在已取得进展的基础上，进一步深化研究，设计零花钱电子记账本，以培养学生追求真理、不畏艰难的科学精神。

综合实践活动课既符合我国全面实施素质教育的要求，又适应当今课程改革发展的趋势，为教育改革提供了"突破口"，为学生个性发展创造了空间。

培养科学探究能力　落实物理核心素养

山东省青岛第九中学　赵　丽

物理学科核心素养是学生在接受物理教育过程中逐步形成的适应个人终身发展和社会发展需要的必备品格和关键能力，是学生通过物理学习而内化的带有物理学科特性的品质，是学生在学习物理过程中逐步形成的知识积淀、思维品质、能力表现、科学思想以及科学的情感、态度和价值观的综合体现。物理学科核心素养的提出是从发展学生核心素养的角度集中体现了物理学科的育人价值，是新课程三维目标的提炼与升华。

高中物理核心素养由物理观念、科学思维、科学探究、科学态度与责任四个方面的要素构成。四个要素中，物理观念是其他核心素养的基础，科学思维和科学探究是关键能力，科学态度与责任是必备品格。这四个方面相互依存，共同发展。其中，科学探究是一种学习方式和科学研究的方式，是一种综合的、关键的科学能力和素养，是人类探索和了解自然、获得科学知识的主要方法，是一种学习物理观念、发展科学思维、形成科学态度与责任的手段和途径。可见，科学探究在高中物理核心素养四个要素中十分重要，教学中要注重科学探究能力的培养，落实核心素养。

一、精心设置课堂导入，激发学生探究欲望

新课导入对一堂课来说是十分重要的。好的导入就像唱戏的开台锣鼓，未开场先叫座儿，能够吸引学生的注意力，激发学生的学习兴趣和探究欲望。著名的特级教师于漪曾说："课的第一锤要敲在学生的心灵上，激发起他们思维的火花，或像磁石一样把学生牢牢地吸引住。"可见，课堂教学导入要讲究策略，能够吸引学生以最大的热情投入新课的学习，让教学收到良好的效益。

高中物理课堂导入常用的方法有趣味实验法、情境导入法、知识型激趣法、巧设悬念法等，其中趣味实验法、情境导入法最有魅力，使用较为多见。例如，在《电磁感应现象》这节课的引入中，我们可以利用"隔空传音"实验增加趣味性，激发学生的求知欲望。具体操作是：将一个小线圈与播放器（手机的耳机插孔）相连，另一个大线圈与扬声器相连，两通路互相独立。实验时，利用手机播放音乐，扬声器无音乐播放，当把小线圈放入大线圈内部，扬声器里骤然响起音乐，插入铁芯后声音更响亮，效果更明显。神奇的现象使学生产生了浓厚的兴趣和求知的欲望，引导着学生一步一步地深入探究。在《静电的防止与利用》一节课中，播放《现场玩转神奇闪电》的视频：两名演员置身闪电中与电流共舞，在两人隔空做出击掌的动作时，电流通过二人的手掌连成一线；二人手舞足蹈时，闪电则时不时地从头顶和两只手中传递出来。在几百万伏的高压电下，表演者却毫发无损！在观看完令人震惊的表演视频后，教师提出问题："金属是导体，为什么金属防护服还会保护内部的人，不受外部外界高压电的伤害呢？"这正是学生想明确的问题，也是学生主动参与问题探究的动力。

二、重视实验探究，培养科学思维

物理学是一门以实验为基础的自然基础学科，实验是高中物理教学中十分重要的一种方式，高考也对学生的物理实验能力提出了较高的要求。在教学过程中，物理实验能为学生提供丰富的感性材料，能有效提高学生学习物理的兴趣，有利于发展学生的思维能力，在实验中还可以培养学生的观察能力、思维能力和实践能力，培养学生的科学态度和科学精神。所以，物理教学中要重视实验探究，充分利用各种物理实验，培养学生的探究能力和科学思维。

首先，要重视课堂演示实验。演示实验是物理课堂教学中经常用到的实验方式，通过演示实验，可以使抽象枯燥的知识变得形象生动，帮助学生更好地理解物理概念，最大限度地激发学生的学习动力，提高课堂教学质量。需要注意的是，教师在做演示实验的过程中一定要让学生明确实验目的、原理和设计思想，同时提出问题让学生明确观察的目标，使学生全身心地投入演示实验的观察中，从而有效培养他们的观察能力和思维能力。例如，在利用向心力演示仪演示向心力时，引导学生分析控制变量的方法。实验时，让学生认真观察两侧弹簧测力套筒下降露出的标尺，从而反映出向心力大小与小球质量、运动角速度和运动半径的关系；通过强烈的感官刺激，激发学生的思维兴趣，通过分析、比较和抽象，引导学生找出事物的本质属性，从而提升学生的观察能力和逻辑思维能力。

其次，要重视学生分组实验。分组实验是培养学生操作能力与自主能力的主要渠道，是培养学生探究能力的主要途径。教学中教师应积极创造条件，开设更多的学生分组实验，使学生有更多的机会动手，在动手的过程中动脑，手脑并用，通过实验加深对基础知识的理解，培养学生的观察能力和动手能力，使他们掌握基本的实验操作技能；通过设计性实验，让学生自己设计实验方案选择合适的实验器材，安排合理的实验步骤，设计数据处理的方法，得出实验结论，分析实验误差，并改进实验方案，培养学生灵活运用知识的能力、对知识的迁移能力和实践能力。比如，在探究加速度与力、质量关系的实验中，引导学生明确实验目的后进行科学探究，根据所学知识分别寻找测量加速度、力和质量的方法以及需要注意的事项，搭配组合寻找最合适的实验方案。在具体的活动中，教师要鼓励学生敢于猜想，敢于标新立异；实验后，学生进行小组间交流，虚心听取别人的意见，勇于改变自己的错误观点，接受别人正确的观点，在学习实验知识的同时培养学生的科学探究精神、严密的思维能力和实事求是的科学态度。

此外，还要重视课外实验。物理课堂用来实施探究的时间是极为有限的，而学生对科学知识的探究是无止境的。课堂探究受时间和实验器材的限制，活动往往是学生按教师或教材的既定步骤"照方抓药"，进行虚假"探究"，而且大部分问题的提出和解决是集体完成的，每名学生动手的机会较少，不能充分发挥学生的才智，所以利用课外时间，学生独立的或以小组为单位的探究活动对发展学生的思维十分重要。学生掌握了一定的物理知识和科学探究方法之后，教师要鼓励和引导学生进行一些新的或较深层次的探索，利用日常用品改进实验或开发新实验。比如，学习了生活中的圆周运动之后，可以自制"水流星"仪器；利用力的作用的相互性，参照火箭起飞的原理制作水火箭……学习能力在快乐的实验中提升，探究能力在游戏中养成。

三、加强课后作业中的探究因素，提升学生素养

　　课后作业是巩固教学的有力手段，也是反馈教学效果的重要途径，同时还能促进学生的全面发展。在新课程改革的环境下，课后作业也需要优化。课后作业既要巩固学生所学的物理知识，还要培养他们的物理思维。布置作业，要有目的有针对性地巩固物理知识和培养解题能力、思维能力；要考虑学生的个体差异，具有层次性，同时要尽可能增加作业的趣味性。比如，学习了生活中的圆周运动，作业中除了强化比较典型的有关向心力的基本题型和基本方法外，可以布置探究性作业：在凹凸不平的路面上行驶的汽车，较旧的轮胎在什么位置更容易爆胎？赛车赛道的弯道部分为什么外高内低？建造在公路上的桥梁一般是凸形桥还是凹形桥，这样设计的好处是什么？……通过对上述问题的思考讨论和资料查阅、问题探究，可以加深学生对所学知识的认识和理解，使学生了解所学知识在生活中的相关应用，开发学生的智力同时提高其思维能力，让学生的知识在作业中升华、技能在作业中掌握、能力在作业中形成、思维在作业中发展。

　　教育是一种"育人"活动，为社会"培养人""塑造人"是教育的根本任务。作为一线教师，我们要关注教学改革，创新教学模式和手段，注重科学实践，开展科学探究，落实核心素养，真正落实教育教学的育人功能。

初中数学"智慧课堂—问题导学"教学模式初探

青岛西海岸新区育才初级中学　薛立红

在智慧教育背景下，教师要注重采用精准教学方式，为学生创设智慧课堂，调动学生数学学习的主动性，积极研究智慧课堂教学模式的构建。

一、"智慧课堂—问题导学"教学模式的研究背景

随着课堂改革的不断深入，"互联网＋教育"快速发展。智慧课堂的出现，要求对传统的课堂教学模式进行创新。积极研究智慧课堂教学模式的构建、减负增效的同时，全面提升学生的数学素养，具有重要的指导意义。

目前，虽然教师的教育理念有了较大转变，教学行为有很大改进，在采用传统的教学方式中能够融入一些信息技术手段，但也存在一些不足之处。我结合课堂教学实际，认真总结教学经验，通过集体智慧探索出适合本学科的"智慧课堂—问题导学"教学模式。

二、"智慧课堂—问题导学"教学模式的理论基础

（一）最近发展区理论

维果茨基在从事教学与发展问题研究时，提出了"最近发展区"（The Zone of Proximal Develoment）的概念。教师设计的问题要符合学生思维的"最近发展区"，通过为学生搭建合适的"脚手架"来支持他们的学习。

（二）建构主义学习理论

皮亚杰的建构主义学习理论认为，学习不是教师向学生传递信息、学生被动接受知识的过程，而是学生主动地建构知识的过程。这一过程不可能由他人代替，每个学生都是在其现有的知识经验和信念的基础上，对新的信息

主动的建构。

因此，在"问题导学"教学设计和实施过程中，要创设出符合学习主题的学习情境，最终达到学生有效实现对当前所学知识的意义建构。

（三）问题教学理论

苏联教育家马赫穆托夫最先提出的问题教学法是一种发展性教学的高级教学方法，需要教师系统设计一些问题情境，组织学生进行解决问题的活动，同时教师应指导学生将独立探索活动与掌握已确立的科学结论最优化地结合起来。"问题教学法"以当代思维科学为依据，认为问题是思维的起始，解决问题的过程也是思维的过程。

三、"智慧课堂—问题导学"教学模式的构建

"智慧课堂—问题导学"教学模式的核心是坚持把教为主导，学为主体，提高学生的自主学习能力，把培养学生的创新精神和合作意识作为教学活动的起点和归宿；利用智慧教学手段实现分层教学，分层布置作业，减轻学生负担，以生为本，凸现各层次学生在智慧教育下个性化发展的优势，从而达到减负提质的实效。

"智慧课堂—问题导学"教学模式，主要由"课前，预测学情—课中，深化探究—课后，巩固拓展"三部分组成；其中，课中又具体分为以下五个环节：创设情境，导入新知—合作互动，探究新知—学以致用，反馈提升—导学归纳，总结反思—达标检测，评价激励。

（一）课前，预测学情

每节课前通过智慧课堂平台发布预习案，并为学生自学提供相关资源等。预习案内容包括夯实与本节相关的旧知、通过简单习题预习新知、提出自己的学习疑惑、在交流评论区讨论等。教师布置打卡任务，要求学生做出答案并通过学伴机提交，运用智学网批阅功能自行批改选择题，手阅批解答题等，后台呈现各题得分率。教师通过大数据可以更精准地掌握学情，提前调整教学方案。例如在学生学习《配方法解一元二次方程》时，通过向学生提前发送微课，引导学生借助微课回顾什么是完全平方式以及如何构造完全平方式，引导学生通过多种角度、利用多种方法来思考问题，从而引出如何通过配方法来解

一元二次方程，引发学生思考和有目的地进行预习。

（二）课中，深化探究

第一环节：创设情境，导入新知。

在教学活动一开始就创设能吸引学生的注意力并能调动学生的兴趣和积极性的情境，形成良好的课堂教学气氛。教师在创设的情境中引导学生逐步向问题靠近，当学生的思路出现偏向时也要进行引导而不能强制扼杀。

第二环节：合作互动，探究新知。

学习小组中每位组员都要说出自己对要探究问题的理解。对小组内部能解决的问题直接解决，组内解决不了的推荐代表作为小组发言人向老师请教。在小组讨论过程中，教师要在班里巡视，在必要时适时介入学生的讨论中，针对学生的困惑进行适当的点拨。教师参与小组讨论，对学生解题思路、解题过程进行规范性引导，在监督、调控课堂的同时也能及时调控自己的教学思路和策略。最后，教师要根据教学重难点和学生反馈的情况，迅速筛选出学生应该掌握而没有掌握的数学知识点或者全体学生的共同困惑等，对其进行重点讲解，以达到"一石激起千层浪"的效果，让学生有顿悟之感。教师的讲解要做到"三讲三不讲"，即：要讲易错点、易混点、易漏点；不讲学生已经会的、学生能够学会的、学生不可能学会的。这样，教学的讲就相当于"补充"，课堂的核心是围绕学生而展开的，真正把教学课堂还给学生，把时间留给学生。

第三环节：学以致用，反馈提升。

教师依据教学目标、学生的最近发展区及学生自学情况，选择适量的、有针对性的数学训练题，通过"导学单"、学伴机全班作答、小黑板或大屏幕出示，让学生自己先练习，教师在班里巡回指导。全体学生完成数学训练后，教师可以通过学生的作答查看正确率进行有目的的讲解，或者教师通过拍照讲解、找学生代表解答等方式。对于有争议的数学问题，让会做的学生对全班同学进行讲解，教师适当予以补充，引导提炼方法和规律。

第四环节：导学归纳，总结反思。

经过上述各个环节的学习后，学生对所学知识已经形成思想脉络，但要将数学知识更好地融入原有的认知体系中，还需要进一步的归纳、整合。这就需要教师循循善诱的引导，帮助学生学会自我归纳和总结。

第五环节：达标检测，评价激励。

（1）通过平板推送达标案，利用倒计时，让学生限时完成相应题目，以此来检验学生课堂学习的成果，反馈学生新知理解、方法应用等方面的掌握程度。通过课堂巡视、全班作答等智慧课堂功能，让教师把握学情，从而引导学生掌握重点、突破难点，归纳学法，让学生在每一节课上都得到实实在在的收获和提升。此外，这一环节也有助于教师把握学生学情，为下一步教学实施动态调整提供依据。

（2）对于完成情况及时评价，对完成较好的学生或小组给予肯定和鼓励，让学生体验成功的快乐，增强学习信心。达标测试是课堂练习的延伸，可以开阔学生视野，提高学生分析和解决问题的能力，在知识层次完成了由感性认识向理性认识的飞跃，为进行下一节新知识打下基础。

（三）课后，巩固拓展

结合学情，利用智慧课堂自由出题、题库练习、打卡任务等功能，分层布置个性化作业，并完成相应的校本作业巩固所学知识点。作业内容的设置要体现目标性、层次性、延展性，有梯度、有时限，并可针对疑难知识推送个性化微课，想学生所想。

该环节是促进学生内化、运用所学知识的重要环节。这样，整个教学环节做到了"课前—课中—课后"的完整统一，不仅有利于教师轻松获得教学反馈，还有助于学生自主回顾学习情况。

总之，智慧课堂下，教师应通过数据分析、信息技术应用、教学素材丰富化、增进师生互动等方法，切实增加对于学生学习情况的了解程度，有效展开精准教学，促进数学学习水平和学习能力处于不同层次的学生获得共同进步，有效达成发展学生数学核心素养的教学目标。

《道德与法治》课程整合实践与探索

青岛市城阳区实验中学　王　伟

课程整合是目前中小学教育教学的热点和焦点。《道德与法治》的教学资源整合是在新课程改革的教育思想指导下，把课程资源作为促进学生自主学习的认知工具、情感交流工具、丰富教学环境的创设工具。将这些工具全面应用到教学过程中，使教学资源、教学要素和教学环节经过整合、组合、相互融合，在整体优化的基础上产生聚集效应，从而优化《道德与法治》课教学、有效实现课堂教学目标。

一、课程改革实施的背景

《道德与法治》课程是一门以初中生活为基础、以引导和促进初中学生思想品德发展为根本目的的综合性课程。它有机整合了道德、心理健康、法律和国情等方面的学习内容，与初中学生的家庭生活、学校生活和社会生活紧密联系，将情感态度价值观的培养、知识的学习、能力的提高与思想方法、思维方式的掌握融为一体。因此，新课程标准指出，教师应树立融合、开放、发展的课程资源观，整合并优化课程资源，充分发挥各种课程资源的人文教育功能，使之为课程实施和教学服务。

二、课程整合的具体实施

（一）与班会课整合，释放出育人合力

在日常的教学中，道德与法治课教师往往担任多个班级的教学任务，对学生的关注和了解远远不够。中考的评价方式等问题的存在也使道德与法治课教师与学生的情感交流也逊于所谓的"主课"，仅仅靠每周两节课的时间对学生进

行思想品德的教育、价值观的引领，那显然是不够的。于是，我思考，能不能使道德与法治课与班会课联起手来，在二者之间架起一座整合的桥梁，互相帮助，发挥各自优势，实现优势互补，既体现出道德与法治课的价值，又提高班会课的实效，获得双赢，使二者释放出育人合力。在这个思想的指引下，我和其他老师做了一些尝试，收到事半功倍的效果。

例如，我所教的学生今年升入八年级，在开学初这段时间无论从学习、日常管理还是运动会等各种活动中总感觉班级中缺点什么，学生积极主动性不高，班级管理有点涣散，是哪里出了问题？归根结底是班级凝聚力较差，正好我准备讲授《集体生活邀请我》一课，能不能将我的道德与法治课堂与班会课整合在一起？说做就做，一堂触动孩子心灵的生本课堂展现出来。我提前让学生分小组将在七年级时班级参加的所有活动的照片做成微视频，配以音乐和文字，上课时进行播放，并由学生声情并茂地讲解，创设学生体悟的情境。我顺势而为，引导学生谈我们这个大家庭，谈大家庭中的你和我，谈大家庭对你成长的好处，我们应该怎样为这个大家庭更加和谐、更有战斗力和凝聚力而付出自己的努力。这堂课在学生的所思所悟中悄然进行着。这堂课深入学生的学校生活实际，学生在这样一种身心体验中感悟着，情感有了升华，明确了自己今后行动的方向，班会课和道德与法治课完美融合，达到了理想的彼岸。

（二）与传统文化课的整合，使课堂充满人文气息

中华民族优秀传统文化是历史沉淀下来的宝贵精神财富，如果我们能在道德与法治课教学中有效利用传统的经典文化资源，不仅可以丰富学生的文化底蕴，而且能有效地丰富课堂内容，培养学生的科学精神和人文精神，提高课堂教学质量，让道德与法治课堂更显厚重。

例如：在讲授七年级《爱在家人间》一课时，我们将道德与法治课与传统文化课有机地整合为一个整体，同时设计体验性活动，走进了学生家庭，拓展了课程资源，丰富了课程内容。在课前，教师布置学生回家搜集历史上孝敬父母的典故或格言警句，整理成故事或制成PPT，便于课堂上小组交流或班级展示。教师在课上还讲述"树欲静而风不止，子欲养而亲不待"这一典故。随后，教师抛出第一个问题："你听了这个典故受到什么启发呢？"学生围绕着作为中学生的我们应如何孝敬父母展开讨论，感悟深刻。接着，教师又抛出第二个问题："青春期的我与父母之间有没有摩擦和矛盾呢？你能不能说一下你的困惑，我们大家帮你解惑。"整堂课在不知不觉中进行着，传统文化的魅力与道德与法治课堂的价值引领浑然一体，课堂的内容得到丰富，学生得到了体验，课堂效果自然生成。

（三）与综合实践课的整合，开阔学生的视野

道德与法治课程强调实践性、体验性和开放性等，要求在生活中实现道德成长。丰富多彩的体验和探究，给教师和学生的活动提供很大的空间。通过这种方式学到的知识得以学以致用，责任感、能力、情感、品德在实践活动中潜移默化得以形成。

例如，教师在讲授《我们面临的生态环境形势》这一课时，将综合实践课与道德与法治课进行融合。课前，教师带领部分学生进行座谈，了解学情，确定了"走进机关"这一实践活动。教师利用综合实践课的时间，带领学生走进城阳区人口与计划生育局、水利局、国土资源局、环保局进行调查研究。学生走进社会这个大课堂，了解到了我区乃至我国面临的严峻的人口、资源、环境形势，以及国家和当地政府采取的相应举措，增强了可持续发展意识，培养了创新精神和实践能力，体验到探究的乐趣，增长了学习的能力，拓宽了视野。

（四）与心理课整合，让孩子心中充满阳光

面对日益凸显的中学生心理问题，道德与法治课程出现一个新亮点——重视心理健康教育在初中生思想品德形成中的整合作用。道德与法治课通过整合心理健康学习内容，帮助学生养成沉着、冷静、务实、高效的品质，促进健康人格的形成。道德与法治课要与心理课整合，必须把握好结合点。在初中道德与法治课程中，关于心理健康教育的内容不少，教师只要善于发现，就能找到切入点，有效开展有关课程整合的教学，让道德与法治课堂成为开展心理健康教育的主渠道。

例如，姜老师在讲授《深深浅浅话友谊》一课时，先带领学生来到操场进行心理拓展游戏《找朋友》。游戏规则：规定一名男生代表五毛钱，一名女生代表一块钱。开始时，全班成员手拉手围成圈，充分体验大家在一起的感觉。然后，教师下口令："变，4块5一组"，成员必须按照要求重新组合形成新的"家"。教师点评：请那些没有找到家的人谈谈游离在团体之外的感受，大多数

同学会谈到孤独、孤单、被抛弃、没依靠、失落等；再请团体成员分享和大家在一起的感觉，大多数同学会表达温暖、友情、有力量、安全、踏实等。组织者还可以多次变换人数，让成员有机会去改变自己的行为，积极融入团体，让成员体验有家的感觉，体验团体的支持，从而更加愿意与朋友在一起。然后回到课堂。教师以这个游戏为主线，设计不同层面的问题，引导学生自主合作探究，使学生了解友情对个人的重要性、闭锁心理的危害及如何克服闭锁心理。

三、课程整合的实效

思想品德课堂体验参与式"课程资源整合"改革活动，达到了预期的效果。

1. 有效地实现课程资源的整合

课程整合活动解决了课标统领下部分知识零散的问题以及课堂教学资源单一的问题，实现了课堂教学资源的多元化。

2. 老师积累了开展体验活动的经验，增强了大胆课改的信心

从课改伊始到现在的初具规模，整个过程道德与法治组的教师不断创新，潜心研究，迈出了课堂改革坚实的步伐，对于教材的理解更加透彻，深化课堂，道德与法治课在学生中也越来越受欢迎。

3. 学生在体验中感悟，在感悟中成长，创新实践能力得到提升

课程整合活动解决了长期以来学生单纯利用材料获取知识的教学途径问题，让学生在体验中探究，在探究中体验，达到了构建知识、提高能力、养成品格的学习目的。

道德与法治学科"课程资源整合"体验式教学，激发了学生的学习热情，收获了意外的惊喜，有利促进了学生在生活中学习、在学习中践行、在践行中体验、在体验中发展。

德育无痕　润物无声

青岛莱西市南京路中学　汤才华

《道德与法治》是一门实践性很强的课程，如果教师对学生只是进行纸上谈兵式的教育，让他们从中懂得一些道德知识和法律常识，那就像微风拂过湖面一样，只能起一点涟漪，过后湖面就又恢复了平静，很难给学生留下深刻的印象，这就是为何学生课堂上体验很深，课后现实中却依然如故的原因。

青岛市教研员徐开颜老师一直倡导思政老师做《道德与法治》课程的践行者，在充分利用好教材的同时，以学生的生活为起点，找到课程和生活的和谐点；以体验教育为载体，不断挖掘和整合身边的课程资源，让学生通过亲身实践，把做人做事的基本道理内化成健康的道德和法律意识。

【案例分析】

陶行知先生曾提到"在生活中发展，在发展中生活"。所以，作为思政老师的我一直在"如何让思政课回归生活"的道路上努力探索着。在教研员徐老师和崔老师的支持下，我在教学实践中进行了一系列改革和创新，现将具体做法归纳总结如下。

一、整合班团队会资源，提高育人效果

班团队会课是每个学校每个班级每个周必有的一堂课，尤其是安全教育更是时时讲、天天讲。我们学校的安全教育主题每周都不一样（如交通安全教育，煤气中毒安全教育，学生活动及设施设备安全教育，特种设备及危化品安全教育，防踩踏安全教育，特殊学生管理安全教育，防暴力伤害、防欺凌教育，校舍安全教育，网络安全教育，女生自护安全教育，防溺水安全教育，防震教育，疾病防控教育，消防安全教育，极端天气安全教育，饮食安全教育，

期末综合安全教育……）。作为思政老师，我们可以结合自己的特长整合班会资源，给学生上一堂遵守规则、珍爱生命的安全教育课。2016年，我精心准备了一节《遵守交规安全出行》的主题班会课，荣获了莱西市生命教育优质课一等奖，并被邀请到郊区学校巡回宣讲。

我们也可以在某些时间节点开展班团队会的思政教育活动。比如，我曾在2016年6月1日当天给新初一学生组织过"告别童年 拥抱青春"的活动课，这节课共包括两个环节，我选取了《孩子，你长大了吗》和《孩子，你知道吗》两篇文章先行渲染，紧接着屏幕放出学生们小时候可爱的照片，推开了他们记忆的大门。当然，这些照片都是提前和家长沟通且让家长提供的有纪念意义的照片，同时也让爸爸妈妈写了自己的心里话。每一个看到自己小时候的照片并阅读了旁边爸爸、妈妈话的孩子都很激动，有好几个孩子读到爸爸、妈妈的寄语时都泣不成声了，在"拥抱青春"环节，学生先是反思顿悟，后是规划践行。因为有了第一个环节的渲染，孩子们体会很深，剖析了自己平时的一些不当行为，进行反思的同时顺理成章地在"拥抱青春"环节做了人生的规划，以不让父母失望。初中还有一个节点是14岁，老师们也可以找一个契机为初三少年举办一次"迈好青春第一步"集体生日会，以此让学生明确青春只有一次，为了自己、为了家国，要学会珍惜时间，做到自理自立，成长为有梦想、有担当的奋发好少年。

二、整合传统文化资源，把握教育契机

中国传统文化博大精深，学校每年都会在重大节日、纪念日开展一系列活动。作为思政老师，我们可以结合"我们的节日"布置实践作业，比如"学雷锋"日，我们可以组织学生做义工或者参加志愿服务活动，践行奉献精神的同时体会到助人的快乐；五一劳动节，我们可以给学生布置做家务劳动的作业，并为爸爸、妈妈学做一道爱心餐，让学生在践行孝心的基础上体验到劳动的快乐；在清明节和端午节则可以进行传统文化和爱党爱国的教育，布置诵读诗词或手工包粽子、做香囊等作业，这是对中国传统文化和中国精神的传承；中秋节和春节则倡导爱家爱生活，布置亲子活动，如"扮靓家空间""家庭华服美妆秀"，这样在增进亲情的同时也为构建和谐社会贡献了一分力量；建党节、国庆

节则可以布置观影或者激情宣讲的作业以此点燃学生的爱国热情……总之，各种重要节日、纪念日活动都蕴藏着珍贵的道德教育资源，只要我们善于挖掘和利用，都可以适时进行人生观、价值观的教育。

我们学校每月都有德育主题，思政老师可以利用这一校本资源对学生进行习惯养成的教育。各月的德育主题如下。1月：自己的事情自己做，教育学生摆脱依赖的不良习惯，从家务劳动做起，养成独立自主的习惯；2月：人无礼则不生，教育学生用品质和自我修养提升自己的气质，做一个受欢迎的人，养成文明礼貌的习惯；3月：别为说谎找借口，提醒学生从遵守纪律做起，勇于承认自己的过错，养成信守诺言的好习惯；4月：告诉自己，我最棒，让学生将自卑从自己身边赶走，始终相信自己，养成自信乐观的习惯；5月：重视每一秒钟的作用，帮助学生做时间的主人，协调好学习与游戏的时间安排，改变自己的拖延行为，养成珍惜时间的习惯；6月：百炼才能成钢，教育学生克服自己懒散的不良习惯，敢于直面挑战，在挫折中前进，养成坚忍执着的习惯；7月：控制了自己才能控制未来，教育学生远离各种不良的诱惑，每天进行自我反省，养成自律自制的习惯；8月：用知识创造明天，引导学生享受学习的快乐，养成乐于读书的好习惯；9月：留住自己的天赋，教会学生善于积累，增强思考的信念和能力，培养学生养成善于思考的习惯；10月：善待身边所有的人，教育学会尊重他人，对人友善随和，养成合群友善的习惯；11月：百善孝为先，引导学生主动与父母谈心，让彼此尊重超越代沟，养成孝顺父母的习惯；12月：勤俭是立世之本，教育学生养成勤劳节俭的习惯。

三、整合社会资源，拓展教育外延

教育专家班华说："体验是人们在实践中亲身经历的一种内心活动，体验更多的是指情感活动，是情感的升华。"体验教育就是指通过组织和引导少年儿童参与生动有趣的社会实践活动，使他们在活动中体会、思考，明白做人、做事的道理，做到对社会的基本准则、基本伦理的适应、认同和遵守。

近几年，我一直在尝试开展体验式教育，成立校爱心社团带领学生走出教室、走进社会，让学生通过社会实践来体验道德和法治的内容，进而内化成自己的道德修养和法律意识，树立正确的人生观和价值观。

莱西市南京路中学的爱心社团于2014年元旦正式成立，起源于一次救助重病男孩的公益义卖活动。当年，4岁的任可与病魔抗争的故事，让全校师生为之动容。于是，爱心社团应运而生。在校领导的大力支持下，充满爱心的学生向全校师生发起了"救助小任可"的倡议，先后为其筹集了18000多元的爱心款。半岛都市报等多家媒体对此次活动连续报道。截至目前，已有数千人参与学校爱心社团的日常公益活动。当然，为了更好地为社会服务，南京路中学的爱心社团每月都有不同的主题活动。1、2月份是"关爱环卫工"的冬季送温暖活动；3月份是全球公益"地球熄灯一小时"的活动；4月份是月湖广场的爱心午餐和校车筹集善款义卖活动；5月份是残疾人托养中心的公益会演活动；6月份是陪着莱西各周边的贫困儿童过不一样的儿童节；8月份是关爱环卫工之夏日送清凉活动；10月份是重阳节养老院暖秋之行；11月份是欣颐康复中心包饺子送爱心活动；12月份是书城的义卖活动。我们学校的爱心社团一直是莱西公益团队一道靓丽的风景线，先后被评为莱西市好人标兵集体、青岛市青年志愿服务先进集体、青岛市十佳明星社团。在2021年创城的系列活动中，我校成为倡导文明新风尚的主力军，用文明的力量带动身边的人，将文明内化于心、外化于行。

正是因为有了如此充满爱心的亲身实践和体验，德育在不经意间于无声处润泽了学生的心灵。自2018年以来，我们学校先后涌现出了一批新时代好少年，有"孝心少年"解西西、"公益少女"于佳卉、莱西市新时代好少年周子淇、青岛市新时代好少年赵俊翔、山东省"环保小卫士"徐子恒等。

伟大的教育家陶行知先生在《生活即教育》一文中说："生活处处是教育，社会里的每一个人都是教育者，所言所行都有可能影响到孩子，不论是坏的还是好的。"所以，对于教师尤其是一名道德与法治学科的教师来说，"回归生活"既符合学科的核心理念，也是教育发展的必然趋势。唯有让德育回归生活，将德育渗透在生活细节之中，让学生在具体的教育情境中体验、通过思考、讨论、交流等方式感悟，才能达到"德育无痕 润物无声"的境界。

我拿什么吸引孩子

——以《画夜景》为例，谈美术"造型·表现"领域情境的创设

青岛市崂山区第二实验小学　姜　楠

一、情境教学在"造型·表现"领域实践的背景

情境教学法是指在课堂教学过程中，创造一个生动形象的教学场景，模拟出一种真实的生活场景，进而收到良好的教学效果。情境教学是一种根据教学内容、结合教学环境、利用教学手段、设置教学情境、增强情感反应的教学过程。将情境教学应用于课堂教学中可很好地增强学习的趣味性，提高学生的学习兴趣，促使学生主动参与到教学活动的过程中，发挥学生的主体作用，获得较为理想的教学效果。

《义务教育美术课程标准（2022年版）》中规定的"造型·表现"学习领域的学习目标有这样三个方面：① 观察、认识与理解线条、形状、色彩、空间、明暗、肌理等基本造型元素，运用对称、均衡、重复、节奏、对比、变化、统一等形式进行造型活动，培养想象力和创新意识；② 通过对各种美术媒材、技巧和制作过程的探索，发展艺术感知能力和造型表现能力；③ 体验造型活动的乐趣，敢于创新与表现，产生对美术学习的持久兴趣。

在众多的教学模式中，情境教学可以根据教学内容和学生的实际情况，创造出适合课堂需求的氛围，使学生全身心地投入学习中去。情境教学方法多样，教师在不同的课上、不同的阶段，创设不同的学习情境，给学生一片充分发展的空间，让学生从常规的意识形态转入特定的意识形态，以积极的态度投入美术学习中。由于情境教学有诸多优点，在小学美术"造型·表现"领域课

堂教学中得到了广泛应用。

二、做法的提炼及成效

在青岛市小学美术优质课比赛中，我执教人美版二年级下册第16课《画夜景》，在课堂教学中大胆应用情境教学法。

图1　崂山区第二实验小学姜楠老师正在执教《画夜景》一课

（一）巧设夜晚情境，让感受更真切

就像一篇文章要有一个精彩的开头、一幕戏剧要有一出诱人的引子一样，一堂好的美术课也必须有一个引人入胜的"开场"，这样才能在最短的时间内把学生的注意力引到课堂上来。

课前，我将遮光窗帘挂到窗户上。在导入新课环节，我先让学生闭上眼睛，然后关掉教室里的灯，创设夜晚的情境，将学生一下子带入夜景的学习情境中。当情境在学生眼前展现时，无形之中成为学生感知事物的刺激物，学生睁开眼睛发现眼前一片漆黑感受到不安和恐惧，而随后伴随着一首优美的诗歌和闪烁的星星、月亮，这使得学生的情感发生变化，真切感受到静谧的星空带来的美妙与幸福。

（二）创造夜景情境，让探究更生动

1.体验岛城美景，感悟家乡美

小学美术情境教学中的感知能力培养，需要利用美术作品本身强烈的视觉感来实现这一目标。在培养学生感知能力之前，需强化学生的视觉性。学生通过生活情境的视觉冲击获得真切的感受，从而激起艺术构思，产生兴奋和创作欲望。

在这一环节中，我给学生播放了一段视觉冲击力非常强的视频。学生直观感受到自己生活的城市从白天到黑夜发生的变化：夜幕降临，亮起了万家灯火；夜晚的海水浴场变成了一条流光溢彩的丝带；夜色下的奥帆中心灯火璀璨；忙碌的汽车、彩虹一样的立交桥、空中燃放的烟花，这一切仿佛构成了一首美妙的夜晚交响曲。这样，不仅将学生带入真实的生活情境之中，也意在培养学生对家乡的热爱之情，这使得大家的情感自由产生。

2. 明暗动静对比，探究夜色美

是谁把夜晚装扮得如此美丽？除了璀璨的灯光还有绚烂的烟花。在用课件出示各种形状的烟花图片时，我特意加上了音效，充分调动学生的感觉器官。一切艺术创作都源于感觉，发自内心。一种声音、一个物体都可以引发孩子无限的想象。美术课堂，强调学生体验，需要学生自己用各种感官、用身体亲身去体验、感悟，在体验中使学生认知。创设这样的教学情境，有效地调动了学生的视、听、触觉，使学生的感觉器官受到刺激，从根本上激发了学生的学习兴趣和创作欲望。

3. 欣赏大师作品，领略色彩美

印象派大师凡·高笔下的夜景有着独特的魅力，他的作品《星月夜》更是经典之作。我用Flash动画制作了《星月夜》的动态图，夜空中流动着的银河和闪烁着的星星又带给学生一次视觉盛宴。学生从整体到细节进行了深入的观察，感受作品中色彩的明暗对比以及物体的动静对比，提升了自身的审美素养和评述能力。

（三）再现夜晚情境，让感觉更美妙

在美术新课标的理念中，作品评价是美术教学过程中一个重要的组成部分，是为学生的全面发展而评价的。在这一环节中，我再次创设夜晚的情境，将教室的灯关闭，用圆形追光灯呈现学生的作品，学生在美妙的夜色下一起欣赏评价作品。这种方式大大激发了学生的评价热情。学生之间互相学习、取长补短，对作品中存在的问题共同探讨解决的方法。在教学中，我让学生相互评价，用学生的眼光欣赏学生的作品，更相信在这样的情境中展评作品会给学生带来难以忘怀的美妙感受。

三、情境教学在美术"造型·表现"领域应用的探讨

创设教学情境可以综合利用各种各样的教学手段和方法来营造一种良好的学习氛围，其途径大致可以归纳为以下六种：生活展现情境、实物演示情境、图画再现情境、音乐渲染情境、表演体会情境和语言描述情境。

当前，美术课越发凸显人文性、愉悦性，关注学生的学习过程以及情感体验，注重学生综合素质能力的达成。因此，我结合美术教学的现状以及美术新课标的要求选择了已在语文学科中形成较完整体系的、以激发学生情感为关键点的情境教学法作为研究对象，通过小学美术课堂教学实践，探索它在美术学科教学中的具体应用。今后，我将继续从学生的视角出发，挖掘更多新颖、有效的情景教学方式，努力提高美术课堂的教学成效。

春风化雨，滋润心田

——以《老王》为例，浅谈初中语文教学中的德育渗透

青岛胶州市第十七中学　叶海琳

师也者，教之以事而喻诸德也（《礼记·文王世子》）。自古以来，我国就很重视品德的教育。新课程标准也明确指出："培养学生高尚的道德情操和健康的审美情趣，形成正确的世界观和积极的人生态度，是语文教学的重要内容，不应该把它们当作外在的附加任务，应该注重熏陶感染，潜移默化，把这些内容贯穿于日常的教学过程中。"语文教学应给学生以春风化雨，将德育渗透于语文教学的点点滴滴，滋润学生的心田。

一、于整体感知中植根

语文课程既要教好学，也要教好人，做到教育为本，德育为先。整体感知无疑是个很好的切入点。

以杨绛的《老王》为例，在整体感知时，我将问题设置为：老王是一个怎样的人？老王与"我"发生了哪些事情？

速读课文后，学生很快就找到了与老王相关的内容，一个个跃跃欲试。通过总结，学生很快得出结论：文中的老王靠着活命的只是一辆破旧的三轮车，他生计艰难；有个哥哥，死了，有两个侄儿，"没出息"，此外就没什么亲人，他身世孤苦；老王只有一只眼，另一只是"田螺眼"，瞎的，他有生理缺陷；荒僻的胡同，破破落落的大院，几间塌败的小屋，他居住条件寒酸。这时，我顺势引导道："老王的命，真——苦，他无疑是生活中的弱势群体。"听到这儿，不少学生对老王充满了同情。

接着，我顺势抛出第二个问题："就是这样一个艰难度日的老王，他带给别人的也是苦吗？老王与"我"发生了哪些事情？"学生积极性很高，很快总结概括出：半价送冰、免费送人、送鸡蛋香油这三件事。学生也得出结论：老王虽苦，但是心——善！不少学生对老王表示同情之余又多了对老王的敬佩，很多学生甚至为老王竖起了大拇指。

于整体感知中，学生对老王有了同情、敬佩，对生活中的弱势群体有了新的认识。

二、于精读品味中浇灌

语文课堂教学对字、词、句的学习是必不可少的，在对词句、篇章的反复咀嚼、揣摩中领会课文的思想内涵，使学生的整个身心完全投入文章真挚的情感当中去，受到更深层的教育。

在精读时，我让学生在字里行间去细细品读"我"与老王之间的这三件事，并选择自己感受最深或最打动自己的语段有感情地朗读，说说从中获得的体会。学习小组讨论交流。

在讨论中，学生更深切体会到了老王身上的善，如：有学生找到的是第6段"老王帮我把默存扶下，却坚决不肯拿钱"，从中体会到了老王的忠厚、老实、不贪钱。这时，有学生提出了疑问：文中说"我自己不敢乘三轮，挤公共汽车到医院门口等待"，为何作者不敢坐三轮？我便顺势引出本文写作背景：文章作于1984年。这是一篇回忆性的散文，作者记叙了自己以前同老王交往中的几个片段。当时正是"文革"时期，钱锺书、杨绛夫妇被打为"反动学术权威"，戴高帽、挂木板、受批斗、剃成阴阳头，被驱到大街上游行，最后被发配去扫厕所……经受了漫长的痛苦折磨。"文革"中，"我自己不敢乘三轮"。在被"革命群众""揪出来"成了"牛鬼蛇神"之后，杨绛变得谨小慎微，生怕坐人力三轮车被指责为"剥削劳动人民"，招来更多的伤害和侮辱，所以"我自己不敢乘三轮"，只能"挤公交汽车到医院门口等待"。学生恍然大悟，我讲到这些时，连后进生都听得很入神。我看时机到了，顺势引导：在这种情况下，其他人躲作者家、划清界限还来不及，老王竟然还与作者家的关系如此之好，可见老王对作者家没有偏见，有自己的判断标准，依旧很热心，这种善才更感人。这时，全班响起了热烈的掌声。

有学生找到的是第8段"直僵僵地镶嵌",品读出老王步履维艰,身体僵直,却还去送香油、鸡蛋,很是感人。我顺势发问:这一段中说"他简直像棺材里倒出来的,就像我想象里的僵尸,骷髅上绷着一层枯黄的干皮,打上一棍就会散成一堆白骨",怎么理解?"棺材""僵尸""骷髅""白骨"这些词都在形容什么?学生马上想到形容死人,因为这些词透露着死亡的味道。老王已经——离死神很接近了,在生命的最后时刻却还来送香油和鸡蛋,为何会这样?有学生说是表达感激,因为作者对老王很好,其他学生也不约而同地点头。

我随即抛出下一个问题:作者是如何对待老王的,使得老王在生命的最后时刻还特意过来表达谢意?

学生很快找出:作者照顾老王的生意,常坐老王的三轮;老王再客气,也付给他应得的报酬;关心老王的生计:三轮车改装后,生意不好做,关切询问他是否能维持生活;她的女儿也如她一样善良,送老王大瓶鱼肝油,治好他的夜盲症。这时,我引导学生关注,"我"坐老王的三轮,可见他俩的身份——有差别,但是却——相处融洽:"他蹬,我坐,一路上我们说着闲话",可见作者平等对待老王,没有轻视老王。学生的热情在我的带动下也更高了,对作者产生了敬意,也更理解老王为何会在生命的最后时刻特意表达谢意了。

我随即又问:面对老王送的香油和鸡蛋,作者怎么做的?——给钱。文章最后说,"那是一个幸运的人对一个不幸者的愧怍"。如何理解这句话?经过前面的问题,学生心中已经很明了了:作者自己一直充当给予者,从来没有接受过老王的回赠和无偿帮助。这样貌似对老王好,却让老王始终觉得欠了情。老王在生命的最后时刻,希望送一份厚礼表达感激,作者却用给钱的方式,让老王的临终愿望落空。命运就是这样阴阳差错,作者为自己对老王的亏欠永远没法弥补而"愧怍"。作者为自己的不解人意而"愧怍"。

对精读品味,学生很投入,对这篇文章的情感把握已经达到了想要的效果甚至有些超出,已经理解到了平等、关爱、爱心。

三、于拓展延伸中升华

当学生到达一定境界,需适时加大火势,将他们的情感于拓展延伸中升华，学以致用，指引生活。

在拓展延伸中，通过PPT的形式为学生展示生活中各式各样的"老王"的图片，很多学生看得眼眶湿了，有的甚至哭出声音来。我随即发问：面对生活中的"老王"，我们该如何对待他们？学生把手举得很高，抢着回答。

我随即总结道："让我们学会像作者那样，用善良去体察善良，多多关注我们周围的不幸者、弱小者，用自己的善良与爱心去关心帮助他们，让他们能够和我们一样，同享头顶上美丽的蓝天白云，共同沐浴人间温暖的阳光。"

学生很大声地、很默契地说了一声"好。"看着他们那坚定的眼神，我意识到这堂课预设的德育目标也实现了：学会关爱、理解、平等对待他人，用善良体察善良，关注生活中的弱势群体。对我而言，这无疑是成功的。

张载曾说："教之而不受，虽强告之无益。譬之以水投石，必不纳也。今夫石田，虽水润沃，其干可立待者，以其不纳故也。"教育最伟大的技巧是知所启发，要循循善诱、启发诱导，于整体感知中植根，于精读品味中浇灌，于拓展延伸中升华，于润物无声中渗透德育。春风化雨，滋润心灵。

美好基于创新

青岛杭州路小学　王　蕾

教学是艺术，艺术贵在创新。

美国首位女航天员萨利·莱德说："所有的冒险，尤其是进入新领域的冒险，都是可怕的。"作为一位骨干美术教师，创新是一次又一次积极主动的冒险，支撑的是如影随形的"教育情怀和责任担当"。在教育生活中，"创新"这个过程本身就是一个自我成长和影响他人的过程，同时也是让教师的职业感变得更有价值、更有意义的过程。

"创新以美育人，追求最好境界"是作为骨干美术教师的教育目标。在教育生活中，"美术"如何丰富师生及家长的教育生活并能体会到内蕴的那股"创新精神"？在课堂教学中如何创新美术学科知识魅力，实现美术学科价值？其实，对这两个问题的探讨就是美术学科教师努力的方向，因为只有心中有方向，方能行致远。

一、创新让"向好而生"成为价值共识

每一位热爱美术教学的老师，都会有这样的成长经历，会为在教学中的一个创新点而兴奋、会为有价值的理论和自己的实践相吻合而欢欣。作为骨干美术教师应形成要问"怎样做，会更好"的思维习惯，向好的方向去"生长"就会慢慢变成了特有的教育符号。

（一）协同思考能激发创新思维

所谓协同思考，就是指协调两个或者两个以上的不同资源或者个体，在相互协作完成某一目标过程中培养批判性思维、创新性思维和解决问题的能力，从而提升各成员高阶思维的能力，最终达到1+1大于2的最终目的，创造出更高

价值。目前实施的名师工作室以及特级教师工作坊都是协同发展，在发展中借助团队的力量，发挥各自的优势和特点，围绕确定的目标，形成纵向、横向相结合的、立体的协同体系，在思考中相互"碰撞"以激发、创新思维。

（二）终身学习是创新的必备能力

我们正生活在一个新的时代——信息时代。《深度学习》一书作者告诉我们，成为终身学习者，才能不被时代淘汰。人工智能时代，你需要的不是担忧和焦虑，而是成为更好的学习者，抓住每一份资源和机会，让自己成为更有价值的人。只要我们站在教师这个讲台上，就始终要学习，找寻适合自己的学习方法，探寻自己的专业领域，始终保持与时俱进。

二、创新让"以美育人"成为使命担当

美术和人的思想观念密切相关。教学是以学生为出发点，以育人目标为指引的。美术课程和活动的设置应当让孩子们把艺术作品当作探索和理解正确的思想观念的实证，这样才能达到"以美育人"的教育目标，滋养学生的心灵，充实学生的精神。

（一）以"氛围美"为抓手创新"空间"

作为骨干美术教师必须参与到学校氛围的建设当中。《全市中小学校园文化建设工作优化提升行动方案》要求在校园显著位置加强习近平新时代中国特色社会主义思想及教育文化、红色文化、中华文化、先进文化、科学文化等五大文化元素，这些元素"艺术地展现"会更好地引领学生发展、成长成才。例如，在红色文化的设计中，可以将中国红的魅力与故事紧密结合；对于中华文化，可以运用中国独有的"青花瓷"元素来展现。总之，美术教师应发挥自己的才能和智慧，潜移默化地影响学生。

（二）以"实践美"为平台创新"活动"

作为骨干美术教师应抓住"时代发展"契机。2021年适逢中国共产党的百年华诞，美术老师需要在火热的社会生活中捕捉闪光点，将庆祝党的百年华诞与美术教学内容相融合，对学生进行革命文化教育。例如，可以组织师生通过"绘青岛、玩立体、思根源、传红色"，引领学生进行"立体书"的制作，建构思源德育课堂"美育助力"模式，在实践过程中师生"饮水思源"，继承和发扬

党的光荣传统和优良作风。

（三）以"传播美"为融合创新"媒介"

作为美术教师要积极参与新媒介平台搭建。我们生活的世界正在发生变化，科技推动了各行各业的发展。作为新时代教师，我们应主动适应信息技术迅猛发展的时代要求，努力尝试各种有利于传递美的新举措、新办法、新载体。我们要在传统媒体和新兴媒体快速融合发展的时代条件下，重视以微博、微信、公众号、抖音等新媒体手段来传播美。

三、创新让"与美同行"成为课堂底色

美术课堂教学始终是创新的主渠道，我们都力求让课堂变得更有生机，更加贴近学生生活，借助各种手段来丰富课堂教学形式。

（一）体验实践"探索美"

《堆沙画》一课教学目标之一是学习如何通过在纸面上涂抹胶水让沙子作为材料呈现在纸上。按部就班的教学，难以激发学生的学习兴趣。在青岛，有着美丽的沙滩，沙子可以随手可得，怎么让学生自主发现用沙子也可以进行艺术表达、如何引起孩子们的兴趣是老师们重点要思考的问题。有时候教师就像编剧，让孩子们不由自主走进剧情里，并且不要预知下一步老师的打算，这也是教师设计教案的能力。教师可以把学生按照人数分成小组，每个小组中间摆上一张画纸，画纸上堆上一些沙子，这些沙子就是教师给学生带来的礼物，学生心里会想：沙子有什么稀奇，还能当礼物？这时，教师会看着学生质疑的眼神告诉他们，礼物就在沙子里，倒掉沙子便会看到。这时，学生的好奇心被调动起来了，大家一起动手，原来沙画在里面。这是一个自主探究和发现的过程。好的"编剧"还会设计一个"伏笔"在其中。有的小组沙画表现的内容是风景，有的是动物，有的是花鸟，有的是人物……这个环节还告诉学生，沙子可以表现的绘画内容非常丰富。

（二）基本理解"建构美"

2022年春节晚会舞剧《只此青绿》成为人们热议的话题，也让我产生了对《千里江山图》进行欣赏教学的创意想法，课题就是《只此新绿》。我们可以引领小学生进入北宋画家王希孟的精神世界，探寻中国传统美学的意趣。经

典名画"千里江山图"不同的"表现形式"已经远远超过一幅画，在师生对舞蹈、作品、文创的欣赏对话中达成深度学习，诠释了如何从"一般知道"走向"基本理解"、在"基本理解"的基础上"具体应用"，让学生通过学习能够举一反三。

（三）持久兴趣"编织美"

《二十世纪艺术大师——马蒂斯》，很多教师都以此课为内容执教过研究课和公开课。通过研究、讨论、教师讲解，大家都知道马蒂斯以其独具一格的野兽派艺术风格与不同寻常的剪纸创作艺术为20世纪画坛留下了光辉的一页！他的绘画与剪纸不仅成为被人们赞叹和珍藏的艺术品，也成为现代生活的一种装饰艺术！这种传统的教学模式一直影响着我们，但是没有直抵学生内心。我们可以突破传统的教学理念提出有价值的问题，打破形成作品风格的时间线路图。例如，可以出示作品《蜗牛》，但是少中间一只，让学生自己找位置把它补充好。同时，教师提出第一个问题：这样的剪纸作品，我们也能制作，但是为什么我们不是艺术家？这个问题是学生接触抽象艺术时心里的疑问，是不可逃避的话题。我们应让学生带着这样一个有价值的问题，开展内驱力的研究，并将始终贯穿整个学习过程。在研究过程中，教师要抓住两个关键词——"影响"和"改变"。作为色彩大师，马蒂斯到底对我们现代人有何影响呢？找寻答案就要回到马蒂斯的作品的演变过程。这时教师再提出第二个问题：我们是否应该对他的转变表示赞赏呢？这是切入评述的关键点。教师应鼓励学生大胆地表述自己的观点，引导学生结合时代背景，共同探讨关于美丽、秩序、协调等话题。教育是及时把一个人的内心活动真正引导出来，帮助他成长为自己喜欢的样子。美术老师期望学生获得的不仅仅是美术知识，更是对于美术丰富且持久的理解和兴趣。

一位有热情、喜激励、善创新的美术教师会对学生的人生轨迹带来极大的影响，使其终身受益。罗恩菲德说："假如孩子长大了，而由他的美感经验获得较高的创造力，并将之应用于生活和职业，那么艺术教育的一项重要目标就已达到。"这是我们期待的美术教育。

"持之以恒" 提素养 "学为基点" 促发展

青岛市崂山区第二实验小学 姜 霞

培养学生核心素养，是立德树人根本任务的重要举措。为了培养学生的学习力，我为他们设计了一整套成体系的发展规划。

一、班级微观层面：运用"四好"进阶策略，赋能学生核心素养发展

一是习得一手好字。汉字文化博大精深，书写一手好字，既是学生未来人生的加分项，也是学生良好的习惯养成的重要抓手。将良好的学习习惯养成融入日常的习字，是我从一年级开始常抓不懈的一项常规。教学之余，我系统地研读了《汉字树》等书系，让孩子们身临其境地感受造字时的挣扎与想象，帮助孩子重新建立与汉字的关系。提笔即是练字，关注孩子写字的仪式感，提升学生学习的专注力；师生多维评价，聚焦汉字的字理理解，提高学生对汉字文化审美力。低段关注笔顺笔画和临摹，中高段关注间架结构和书写速度。

二是博览海量好书。从一年级开辟的班级阅读角到六年级初具规模的班级图书馆，师生身体力行地打造成班级阅读共同体，共同营造触手可及的班级书香氛围。"独学无友，则孤陋寡闻。"小组间开展的"图书漂流记"，让孩子们懂得阅读分享的乐趣。"弱水三千，只取一瓢饮。"学期内聚焦的"主题阅读时光"，则让孩子们化碎片的浅尝辄止为完整意义的深度阅读。为了丰富孩子们的阅读体验，我们还别出心裁地发布了班级的朗读打卡小程序，借力学校大数据记录每个孩子的阅读成长轨迹、绘制出班级整体的阅读地图。圈画批注静以修身，摘抄经典厚实积累。

三是书写一卷好文。言由心生，言语表达是语文素养的彰显。基于学校语文学科"内组外延"学科课题研究，我以习作切入，根据语文课程标准要求，

按照学段阅读与习作标准，以进阶式的习作设计贯通学生综合素养。例如，中低年级时，我倡导孩子根据实际情况写周记或者日记，记录生活点滴；4年级以后，我开始以命题作文比赛或是开放的材料阅读等方式，让孩子们的表达有的放矢和精准把握。当然，促成习作进阶实效的最重要因素，在于多元及时的评价反馈，每次大作文的批阅，我会根据不同的情况采取"在眉间亦在心上"的眉批、"见树木亦见森林"的总批及"观其文亦察其情"的面批等形式，做到每次面向全体的习作指导反馈，都有针对性和实效性；至于日记、小练笔等，我始终倡导兴趣为主，适时指导，并通过班级微信公众号、班级作文报、年度优秀作品集等形式，为学生习作表达注入动力。

四是成就新时代好少年。立德树人始终是教育最根本的任务，承载母语学习的语文教学，既传承着历史与文化，又引向着理想和信念。作为班主任和语文老师，我深刻思考着我们的教育要培养什么样的人、怎样培养人、为谁培养人的根本问题。为此，面向作为2035年实现社会主义现代化强国主力军的这一代少年，我非常重视对学生的思想品质教育，立足语文课堂，和孩子们一起进行跨学科学习，拓展学生的认知视野，激发他们求知的内驱力，引导他们以更加坚定的文化自信、更加深厚的家国情怀和更加扎实的学识能力，应对未来的各项机遇和挑战。

二、级部中观层面：聚焦"高段"校本实际，力倡读写结合重体验

针对高年级段的学生特点，我精心设计了"山海秀场"语文主题活动。"山海秀场——快乐讲堂"主要开展语言实践活动，"山海秀场——缤纷实践"则以丰富多彩的实践作业促进学科知识与生活的链接以及促进学生语文素养的提升。

例如，六一儿童节这天，结合"山海秀场"级部共读活动，老师精心设计了《上下五千年》历史知识闯关活动。在共读《上下五千年》的基础上，开展了一系列实践活动。从开始的"家长历史大讲堂"，到贯穿整个学期的班级"《上下五千年》分享活动"，再到"读历史'记我与《上下五千年》的邂逅'"读书单制作。在几个环节的层层推进中，孩子们的阅读能力、表达能力、写作能力和实践能力均得到了不同程度的提升。

又如，在"山海秀场·读经典，品名著"活动中，孩子们手捧书香，沉思轻吟，我们把读书，融入孩子们的思想河畔。《阅读护照》里面记录了一个个"小书虫"的阅读报告。赛场上，选手们妙笔生花，尽情抒写自己的真情实感、童心童趣。通过这次活动，孩子们达到"劳于读书，逸于写作"的理想状态。

再如，在学校进行的"N+1"学科项目式学习的基础上，级部进行了一系列以拓展学生阅读为基础，提升学生语文素养为目标的"N+1"实践活动。"以一带多"的群文补充阅读，不光在课内学习具体方法，也在自编《群英荟》的补充中，学习大作家的经典手法。"冒险类小说"的拓展阅读，邀请专家面对面进行了思维导图阅读法的讲授。开始以《鲁冰逊漂流记》为共读书目的阅读，并补充其他选读书目，进行冒险小说的群文阅读。阅读完冒险小说后，每个学生开始尝试进行冒险小说的创编，并编辑成册。

"山海秀场"成为老师们开展语文实践活动的阵地，孩子们在这里演童话、讲故事、推荐好书……将自己的阅读收获通过各种喜闻乐见的形式表现出来。

三、学校宏观层面："铿锵空课" 求知不辍

疫情防控期间，为落实各级教育部门提出来的"停课不停学"的具体要求，我校六年级语文组积极跟进区"空中课堂"课程，周密安排教研活动，积极进行课后指导，努力提升"空课"效果，以学校的"学为基点"课堂建构为主题，以"预习策略"为空课落地的研究抓手，共克时艰，求知不辍。

研究步骤一：提前备、重预习。

两个多月以来，老师们一直坚持课前备课：深入地研读文本、潜心钻研教材、把握教材的重难点，与空课老师有效地同课同学，做到严密衔接。

空课不同于一般的课堂学习，对于学生来说，更有难度，需要学生在课前做好充分预习，策略研究至关重要。

研究分为两个阶段。

第一阶段为自主预习，即延续平日自主预习的策略，引导学生通过熟读课文、自学字词、概括主要内容、圈画批注等一系列形式进行基本的预习任务。

第二阶段学案辅助，集全组之力精心设计了兼具课前导读与自学学习相结合的预习单及微课，通过资料补充、任务驱动的形式，引领学生预习，让学生

通过进一步的预习，对本课的重难点有一个初步的感知。

两个阶段结合，再通过老师网上的时时监督学习，学生的预习工作扎实有效，空课的听讲效率大大提升。

研究步骤二：同听课、重指导。

空课是我们"疫情"期间学习与教研的重要资源。每天坚持准时进行空课的课堂学习，课后迅速召开每日15分钟教研活动，结合孩子的真实学情，围绕课标、文本解读、单元要素、教学内容等分析空中课堂。会后，根据各班情况，采用录制小视频、录制音频、文字描述、图片展示等方式，及时地巩固或补充相应知识点。

科学合理的作业设置，对在家学习的毕业班学生来说尤为重要，所以，我们以学生语文素养提升为目标，精心设计作业。一部分的学习任务借鉴当天空课的相关内容。另一部分，我们根据我校学生学情，适当增补一些提升性、拓展类、实践类学习任务，作为补充学习。

此外，在我承担区空课的教学任务时，大家还会一起进入紧张的准备状态。通过集中教研、分散教研等就教学设计、课件制作、资料搜集等一系列问题进行研讨。每天空课结束，在网络会议中进行及时的研讨反思，一起为空中课堂助力加油。

研究步骤三：勤反馈，重跟进。

每天，我们每位老师都会及时跟进学生的课后学习情况。有的班级通过小程序进行作业打卡，有的班级通过班级群进行作业的展示学习。老师们都是先进行组内教研，确定好相关作业答案，然后再进行班级内作业的批改和反馈，做到天天跟进、人人落实，确保疑不过夜，让学生在家也能时时感受到老师对自己学习的关注，这样就尽可能地避免出现学习的懈怠现象。

研究步骤四：多读书、重素养。

根据学生在家的实际情况，开展与生活教育相关的实践活动。比如，我们学习了《腊八粥》后，设计了与课文相关的"分享美食"的做美食、写美食的活动，既提升了学生的生活技能，又进行了写作的练习，学生兴致高昂。

学生在家学习的情况，正是读书的好机会，结合教材中关于读书的要求，师生先后共读了《鲁滨孙漂流记》《汤姆索亚历险记》《骑鹅旅行记》《爱丽丝梦游仙境》四本冒险小说，辅以阅读单引领，以阅读批注、写读后感等形式扎实推进阅读过程，让学生经历真阅读。"一日不读书，胸臆无佳想。"疫情期居家期间，虽不能外出，却是读书的好时间。我们较为系统地阅读，实时抓住了光阴，使孩子们的心灵在书海中得到了滋养。

学生的素养提升是一个循序渐进的过程。身为教师，了解学生发展规律。基于学情，促进学生学习波浪式前进，能力螺旋式上升，必须不断探索，常研常新，真正引导学生学会学习。

在"测量"教学中提升学生的核心素养

——以"三角形的面积"教学为例

青岛市崂山区晓望小学 郭晓琼

数学是人类文化的重要组成部分，数学素养是现代社会每一个公民应该具备的基本素养。在义务教育中，为了提高学生的数学素养，加强对学生思维品质的培养就成了至关重要的问题。我以《三角形的面积》教学为例，谈谈如何在数学教学中，把培养学生思维品质作为发展学生思维能力贯穿于教学过程中。《三角形的面积》属于"测量"教学领域，这节课的教学目标之一是通过对三角形面积的探究，培养学生实际操作能力、自主探究能力、与他人合作交流能力以及运用数学知识解决实际问题的能力，渗透转化思想，发展空间观念，提升学生数学素养。

一、在猜想、动手操作，验证活动中培养学生推理能力

推理是数学的基本思维方式，也是人们学习和生活中经常使用的思维方式。猜想、验证是学生学习数学知识的有效学习方式，让学生经历观察、实验、猜想、证明等数学活动，能促进学生推理能力的发展提高。《三角形面积》一课教学中，我设计了这样一个问题："当我们要研究一种新图形面积，怎么办？"这样设计，既为学生指明了思考的方向和方法，又与以前的知识有机地联系起来。在学生大胆猜想后，我全面放手让学生动手操作。在众多的不同形状的三角形面前，学生心里产生矛盾：是剪一剪还是拼一拼？在一番实践操作中后，大部分学生用剪的方法不成功，于是改用拼。用什么样的三角形才能拼成学过的图形？根据生活经验，大部分学生通过拼一拼、移一移等数学活动，成

功地转换成已学过的图形。这个教学环节，学生经历了开始的观察、猜测，再到动手实践、验证这一系列的教学活动，从而培养了学生初步的推理能力。相对动手操作，自主探究的时间要长一些，这也是本节课的一个重要环节。根据学习需要，我设计了一个简单有效的报告单。

表1　学习报告单

研究内容	三角形面积的计算方法
组别	
研究过程	1. 我们选取了（　　　　）三角形进行研究。 2. 我们把（　　　）转化成（　　　）来研究。 3. 我们的发现 4. 我们的结论

学生要完成报告单，必然要经历观察、讨论、动手测量、组员之间的交流这一过程，使思维再次活跃起来。这个经历体验的过程是学生积累数学活动经验的重要途径。数学活动经验在"观察"的过程和"思考"的过程中得到积淀，在数学学习活动过程中逐步得到积累，从而再次发展了推理能力，提升学生数学素养。

二、在学习过程中注重对学生"转化"思想方法的渗透

教学中，我将"转化"思想渗透于一节课的始终。在测量教学中，"转化"是一种很重要的思想，将刚学过的平行四边形转化成长方形计算面积，是学生学习本节课的基础。学生完全能够借助积累的学习经验来学习新知，很容易将此经验迁移到三角形面积计算方法的探究。这样的教学安排，更易于检验学生是否具备灵活运用知识解决实际问题的能力。接下来的动手实践，学生要经历将两个完全一样的三角形拼成学过的图形，从而第一次实实在在地感受到三角形真的能转化成学过的图形。在寻找拼成图形与原三角形之间的关系时，学生在经历小组之间的探讨，全班共同的交流，课件的辅助，直观、生动、形象地展现了图形拼摆的过程，学生再次感受转化这种方法真的很适合三角形的面积研究。一个班级中，总是有几个异想天开的学生，他们的想法会与众不同。他们可能受到平行四边形面积推导方法的启示，会把一个三角形剪一剪，再拼成一个平行四边形。在交流完用一个三角形也可以转化成平行四边形后，教师通过引导学生思考"不管用一个三角形，还用两个三角形来研究我们都是运用了一种什么方法？"这一关键问题，让学生通过回顾反思，总结出都是运用了转化的方法。通过以上活动，本节课教学达到了对学生渗透"转化"这一数学思想方法的目的。

三、在数学活动和练习中注重发展学生的空间观念

《义务教育教学课程标准（2022版）》指出，在数学教学中，应当注重发展学生的空间观念。《三角形的面积》属于测量领域，教材关于测量教学的编排对空间观念的培养有充分的关注。本节课教学中，学生要探究三角形的面积计算方法，需要借助于直观演示、动手操作等感知活动来完成。为此，我给学生提供了颜色和形状都不同的三角形纸片，每个学习袋中装有5个锐角三角形、5个钝角三角形、5个直角三角形，有能拼成平行四边形的，有不能拼成的。学生充分运用这些丰富的感性材料、直观学具，联系生活实际，在观察、比较和实验中初步发展了空间观念。拼成学过的图形后，学生要观察拼成的图形和原来三角形之间的关系，于是在进一步观察、对比、交流中发展了自己的空间观念。在练习题设计方面，我根据学生的知识层次、实际水平，设计出三种不同的题目，对学生发散思维的训练、智力的开发、空间观念的培养有很大的促进作用。一是基本练习：制作这个标志牌大约需要多少平方分米的铝皮？二是变式练习，学生能根据三角形的面积公式灵活进计算。

你会计算下面图形的面积吗？

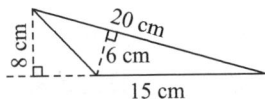

$20 \times 6 \div 2 = 60 \ cm^2$

$15 \times 8 \div 2 = 60 \ cm^2$

你会计算下面图形的面积吗？

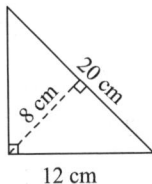

$20 \times 8 \div 2 = 80 \ cm^2$

最后一题的设计，我分了两个层次。第一个是画一画，先是让每个学生动手画一画、再说一说为什么这样的三角形的面积相等，这样的三角形可以画在什么位置？让学生观察、交流、想象、总结具备什么条件的三角形的面积相等。第二个层次是先在原三角形位置上出示一个平行四边形，再让学生比一比，三角形和平行四边形的面积之间有什么关系？学生通过自己的观察以及小组之间的讨论，发现三角形的面积等于与它等底等高平四边形面积的一半。这样的教学设计，既巩固了本节课三角形面积的计算，又和前面平行四边形面积的计算有效联系，既提高了学生解决问题的能力，又深化发展了学生的空间观念。

画一画

你能在下图画出一个与图中三角形面积
相等但形状不同的三角形吗？试试看。

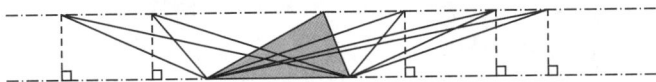

等底等高的三角形面积一定相等。

四、在教学评价中落实对学生数学核心素养的培养

《义务教育教学课程标准（2022版）》指出，"数学评价的目的是为了全面了解学生的数学学习历程，激励学生的学习和改进教师的教学""对数学学习的评价不仅要关注学生学习的结果，还要关注他们学习的过程；不仅要关注学生数学学习的水平，还要关注他们在数学活动中所表现出来的情感与态度，帮助学生认识自我，建立信心"。对于三角形面积一课的教学，我从以下两个方面运用不同的评价手段，提高学生的数学素养。

（一）情境的创设，激发学生参与评价的兴趣

爱因斯坦曾说过："如果把学生的热情激发起来，那学校所规定的功课，会被当作一种礼物来接受。"兴趣是最好的老师，学习兴趣能有效地诱发学习动机，强化学习动力。在《三角形的面积》一课教学中，我设计多种让学生参与评价的方式。一是让学生分小组动手操作实践，运用多媒体展示等方式，以这些具体化、形象化的手段，创设情境，调动起他们参与评价的积极性，激发学生评价的兴趣。二是给每个小组展示交流的机会，启发鼓励学生大胆说出自己的想法，并适当给予表扬，采用多种活动形式扩大学生主动学习的空间，由此建立他们评价的信心，激活他们的思维，释放他们的精神活力，使他们在轻松愉快的学习交往中主动发言，积极交流。

（二）学习过程中自主应用转化的数学学习方法

在学生理解"制作一个标志牌大约需要多少平方分米的铝皮？"实际上就是求三角形的面积后，我提问了这样一个问题："当我们要研究一种新图形的面积，可以怎样研究？"学生在上节课的学习基础上，想到"可以转化成前面学过的图形。"于是，我放手给学生自主研究三角形面积的空间，学生能够自然而然地迁移学习。这一小环节正是对学生前面迁移方法最好的反馈与评价，能够活学活用这一学习方法就是我们追求的教学效果。

TEAM模式在班级管理中的应用

山东省青岛第五十一中学　霍振慧

　　TEAM是"小组"的意思，也是Together everyone，achieve more!的首字母组合，即每个人团结起来，会取得更大的成就。TEAM的本质含义是以小组合作为依托的班级整体发展，以及个人在整体中的个性化发展。在这种模式下，集体和个人是密不可分的，班级是大家的班级，也是每个人的班级，每个孩子在班级中都值得被欣赏、悦纳，这个集体也值得每个人去用心经营。

一、小组合作，整体发展

　　作为一个年轻柔弱的女班主任，我没有能和男班主任相比较的力量，也没有能和老班主任相媲美的威严，面对40几个正值青春期的初中生还是需要动一些脑筋的。于是在班级建立之初，我就构建了以小组合作为核心的班级管理模式，即TEAM模式下的整体发展模式。在这种模式下，小组成了班级管理的基本单位，小组和小组之间、组员和组员之间内部制约、互相约束。每个小组中除了组长以外，还设有学习分组长、卫生分组长，组内的每个学生都有相应的职位，都会在小组内部及班级管理中承担相应的责任。在这种模式管理下，每个人的表现都可能影响到小组的成绩，在奖惩制度及荣誉感的激励下，同学们会为自己的小组成为优秀小组而努力，在这个过程中也会感受到自身价值。

　　小组作为班级的基本管理单位，成员之间是合作关系，而小组之间却是竞争关系，于是在小组成立之后就要有一套完善的量化考核制度。在开学的第一次班会上，我们本着"民主"的原则，组内讨论出量化细则，再通过"世界咖啡馆"的方式交流各组的细则并做补充和修订，最终全体学生在班主任引导下，本着"科学"的原则制定出班级量化考核的最终细则，并在后续实施过程中，随着新问题和新现象的出现不断优化和调整。量化考核涉及纪律、卫生、出勤、学习、活动等方方面面。在纪律、卫生、出勤等班级常规工作主要用加减分相结合的方式进行监督。在实行过程中，我发现绝大多数同学为组争分之后会非常开心，而犯错之后宁愿接受批评教育也不愿意给组里减分，生怕拖了全组的后腿。另外，为了在班里树立好的榜样，形成好的班风，我会用加分的方式鼓励他们积极参加学校集体活动。在活动中为班级赢得荣誉的，根据获奖等级给予不同的加分奖励。此外，助人为乐、拾金不昧、为班级做服务也会得到加分。很多班主任都愁着班会、手抄报等任务布置不下去，而我却从来不愁，因为他们每次都会去抢任务，而且根本不用担心他们的完成质量。为了形成同学之间赶超比拼的学习氛围，不让每个人掉队，我们班级量化还有专门的学习板块，无论学优生还是学困生都可以通过努力为小组赢得加分。班级有量化就要有考核，每天负责考核的主要是我们班的班干部们。我们班的班干部分为"固定岗"和"轮流岗"，除了常规班干部之外每天还有值日班长。每个班干部都有他们负责的领域，他们每天用火眼金睛维护这个班的秩序，并记录在"班级日志"上，而我大多数时间只负责接受仲裁。权力分散了，压力也就分散了，这样就避免了班主任每天事无巨细却又管理无力的状态。每周五都是固定的周班会时间，值日班长都会总结本周每个组的量化情况，评出最优组，并总结在本周班级量化中值得表扬的现象及存在的问题。最优组每位组员都可以得到我给他们准备的"优胜卡"，别看那只是一张有我签字的纸条，它可是我们班的"流通货币"，因为同学们可以用它来兑换礼物，有时候还可以免掉部分作业，所以学生都想通过努力得到它。在这个年龄段的孩子喜欢挑战，而且有很强的胜负欲，通过小组合作既能让他们自己形成内部约束，也能通过这样的方式培养他们的合作精神、集体荣誉感，还能激发他们追求优秀、积极向上的潜力，树立了好的榜样，使班级发展井然有序。TEAM模式在班级建立之初，能很快帮助学生建立规则意识，有助于形成温情又正气的班风，让学生都积极参与到班级建设之中，和班主任一起用心经营好这个班。

二、尊重差异，欣赏悦纳

小组合作是对TEAM模式的整体解读，但无论是班级还是小组这样或大或小的集体中发挥核心作用的是每一位学生，也就是TEAM模式中的everyone（每个人）。每个人都是集体的一部分，个体的差异也应该被看到、被接纳、被认可。只有内外因结合，才能实现教育最优化。承认学生的个体差异，最终开发每个学生的潜能并激发他们的创造力，才能让"直树"成材，让"歪树"成景。 十年树木百年树人。育人是一个长期的持续的潜移默化的过程，它渗透在一个教师教育教学的每个细节里。

我一直认为每个孩子身上都有闪光点，作为一位班主任不仅要聚焦在班级整体发展上还要花心思和每一个孩子打交道，在和孩子平时相处时应该做一个"追光者"，捕捉孩子身上闪耀的每一点微弱的光芒。而且，我们不能只聚焦学习，要全面评价孩子，这样那些所谓的"难教的学生"才能有光闪耀出来。为了更好地了解青春期的孩子，我平时也会学一些正面管教和心理学的知识，努力做一个有同理心的人，允许并尊重差异，并善于找到德育契机，采用多样方式来了解情况、解决问题。

TEAM模式给班级带来很多益处，在学生和班主任共同经营下，班级工作很快就步入了正轨，大多数学生都很守规矩。但好景不长，不久A同学转入了我们班。用"纨绔子弟"来形容他无比贴切。他浑身透着一股"嘻哈"范儿，刚转来两天就惹出很多麻烦。刚开始我还是用传统的教训手段"处理"他，可他那股不耐烦、爱谁谁的样子就出来了。我看这招不行，就暂时搁置下，看看能不能找到教育启发他的契机。有一天学校要求选几个学生组成检查小组，要求是品质良好的同学方可参加。我把要求一说，班里几个学生就高高举起了手。我看了下，大多是品学兼优的班委成员。当我目光扫到同学A的时候，我惊喜地发现他竟然举着手、满脸期待地看着我。我心里窃喜。学生没有推举他去。我看了他一眼，能看出来他有点失望。我知道德育契机来了。我找他单独交流下。首先我肯定了他参与集体活动的积极性，并让他自己分析下自己没被推选出去的原因。他自己也知道自己不够自律，开学以来表现不好。我看他已经意识到自己的不足了，就没有"火上浇油"，而是来了下"雪中送炭"，也就是及时的心理疏导和引导。我告诉他，我看到了他身上最宝贵的东西——集体荣誉感和责任感。当时，我们班班委会已基本组建完成，我想了下，问他愿不愿意当卫生组长。他很惊讶地看着我，可能他以为我会因为他没被推举出去这件事继续数落他，没想到自己能"因祸得福"。自从当了卫生组长，他几乎没有主动破坏纪律，而且每天督促组员认真做好卫生工作，每次看到他们组卫生工作走在班级前列时，他高兴得手舞足蹈。在A同学身上我感受到，只要孩子能被看到，感受中在这个集体中的价值，就会特别愿意发挥自己的光和热。

每个孩子都是一个火种，有的光芒万丈，有的星星之火。作为一名教育工作者，无论是什么样的火种，我们都应该好好呵护，一辈子做一名教育的"追光者"。而培养一个集体，只有把这些火种都聚合在一起才能形成烈焰之势。Together everyone，achieve more! TEAM模式让每个人都找到了一个集体。在这个集体中每个学生都努力地发光发热，教师在也在这样的集体中提升了业务素养，师生共慧，整体提升，一起扬帆向着未来远航！

课堂教学实践

师者，所以传道授业解惑也

　　韩愈在《师说》中写道："师者，所以传道授业解惑也。"教师是传授知识、教授学业、解答疑惑的人。"传道""授业""解惑"是教师这一职业的专业技能，这是实践性极强的技能。而课堂则是教师传授知识和技能的主要渠道，所以课堂的重要性不言而喻。

　　课堂教学是一种目的性和意识性都很强的活动，通过教学，要使学生掌握知识、习得技能、培养智力、发展素养。可以说，有效性是教学的生命，学生学到什么、得到什么，这是任何教学改革都必须首先追问和考虑的问题。教师必须立足于课堂这一教学的主阵地，在教学中不断探索、反思、总结实践经验，这样才能提升教学技能。

高中音乐智慧课堂的创设实践与研究

山东省平度第一中学　张婷婷

在建设智慧社会，智慧城市的背景下，打造具备时代特色的智慧教育也愈发受到人们的关注。近几年，随着美育被重视的程度不断攀升，打造高中音乐智慧课堂也就成为高中音乐教师关注的焦点。智慧课堂的创设改变了传统的教学方式，提高了课堂教学效率。作为高中音乐教师，应如何更好地推动基于智慧教育下的高效音乐课堂的创设呢？

一、智慧课堂创设存在的问题

一是教师对智慧课堂的掌控力不足。智慧课堂通常是指基于数字、网络、智能等技术基础上的课堂教学，是一种具备更强交互性和共享性的现代化教学。作为近几年新受关注的教学模式，很多教师对智慧课堂的掌控力不足，这在很大程度上影响了智慧课堂在实践中的应用。

二是智慧课堂创设所需的教育资源储备不够。目前，在很多高中音乐课堂教学中，教师可用于智慧课程创设的资源非常有限。在这种情况下，如果教师本身再不具备构建音乐教学资源的创新能力，那么打造智慧课堂便难上加难。

三是学生参与的积极性不强。受学生年龄、心理等因素的限制，很多中学生参与音乐课堂的积极性并不高。尤其在传统的音乐教育中，高中教师讲解的内容更多的是乐理知识，学生所能欣赏到的优秀音乐作品十分有限，这就导致许多学生对音乐学习没有兴趣；再加上很多学生觉得，音乐不是主要学科，在面临人生重要转折的高中时期没有必要花费大量精力学习音乐，久而久之，音乐课堂的教学效率就严重下降。

二、智慧课堂的创设实践

（一）改变教育观念，发挥信息技术优势。

智慧课堂的创设首先需要音乐教师转变传统的教学观念，改变以前的教学方法，从根源上提升智慧课堂的实践能力。教学中，教师首先要明确学生与教师的位置关系，深入了解教学的内容与知识点；同时，要合理利用信息技术，充分发挥信息技术的优势，不断尝试将信息技术融合到课堂中为课堂服务，以达到最好的教学效果。当然，培养学生的音乐素养，最主要的还是教师的引导帮助。例如，学习我国传统京剧艺术，一方面教师可以利用多媒体给学生播放一些经典的京剧选段，让学生在听与看中感受京剧的艺术魅力；另一方面教师可以进行讲解，让学生更深层次地了解京剧学习的辛苦，既加深视觉冲击印象，又激发学生对国粹的崇敬之情。

（二）改善师生关系，加强课堂上的双向交流。

素质教育明确提出学生是学习的主体。教师一定要遵循学生的成长规律，借助信息化手段制定出科学的教学方案，营造和谐的双向交流课堂氛围，与学生建立一种亦师亦友的良好关系，一旦师生之间没有了隔阂，也就向成功教育迈近了一步。例如讲解"夜曲"的内容时，教师可以和学生一起在网络上搜集一些各自熟悉的"夜曲"的资料如周杰伦改变版的《夜曲》、短视频平台的有关短片等。这种互动和双向交流不仅能改善师生关系，更能丰富智慧课堂的教学资源。

（三）巧设智慧课堂，突破教学难点。

在音乐教学中创设智慧课堂，不仅是为了让学生了解音乐的多面性，更是为了提升学生的艺术审美力、培养学生的音乐素养。对于智慧课堂的创设，教师除了利用多媒体设备播放音乐视频与音频外，还可以用信息技术制作教学微视频，让学生清楚课堂知识框架，深刻记忆重点知识。音乐学科跟其他的艺术类学科不太一样，学生的可选择范围较为宽泛。如果说美术需要学生有极高的绘画天赋，那么音乐只需要学生拥有一颗热爱的心，因为表达音乐的方式不只有唱歌，还有乐器演奏、说唱等，这就使学生有了更多的选择空间，让学生都可以学习音乐、爱上音乐。很多高中学校注重的是学生文化知识的学习，殊不知音乐教学既能让学生学习到音乐知识，又有助于舒缓学生的精神压力。音乐教师借助多样化的信息技术手段多层面地展现音乐的魅力，提高音乐课教学的质量，提升学生的音乐素养，释放学生的学习压力，会大大提高学生的文化课学习效率。这样的教学，才是学生需要的教学。

高中音乐教师要学会巧用智慧课堂进行音乐的融合教学，创新音乐教学的方式，多样性展现音乐的魅力。在未来的发展中，智慧课堂还将与音乐教学深度融合。音乐教师要摒弃传统音乐教学观念，尽快更新思想，加强智慧课堂研究，提升智慧课堂创设能力和实践能力，提高学生的艺术审美能力与鉴赏能力。

略论初中语文小说阅读教学情境创设的策略

青岛市崂山区第五中学　刘红英

目前，在初中语文教学中存在着这样一种现象：学生非常喜欢看小说，可对阅读教学却兴致索然。究其原因，主要还是教学方法有问题。一般来说，对于小说的阅读教学，教师会采取分解结构的形式进行讲解，导致学生一进入阅读教学的气氛中就会觉得索然无味，缺乏主动学习的兴趣，更不用说探究小说的内涵、主题进行艺术鉴赏了。因此，在新课改的背景下，老教师要改变阅读教学策略，引导学生领悟小说文本的价值，让学生通过情境的方式走进文本，与小说中的形象、作者进行心灵上的对话。只有这样，才能提升阅读教学的效率，促进学生阅读素养的发展。

一、小说阅读教学要立足于文本创设情境

（一）创设富有文学韵味的诵读情境

诵读是学习语文的一种方法，任何文本都可以进行诵读体味，尤其对于小说文本而言诵读更具优势，因为小说的文本语言优美、感情丰富，读起来令人沉浸其中，使人从情感上受到熏陶。在进行情境教学时诵读的作用尤其明显，教师创设特定的情境，引导学生进行诵读，让学生走进文本体验文本所描绘的场景。对于篇幅不同的小说文本可采用不同的诵读方式。短篇小说可进行全文诵读，长篇小说可选片段或章节进行诵读，不一而足。比如《最后一课》篇幅较长，不适合全文诵读，在教学时可采用片段诵读的方式。以此课结尾部分为例：

忽然教堂的钟敲了十二下。祈祷的钟声也响了。窗外又传来普鲁士兵的号声——他们已经收操了。韩麦尔先生站起来，脸色惨白，我觉得他从来没有这么高大。

"我的朋友们啊，"他说，"我——我——"

但是他哽住了，他说不下去了。

他转身朝着黑板，拿起一支粉笔，使出全身的力量，写了几个大字："法兰西万岁！"

然后他待在那儿，头靠着墙壁，话也不说，只向我们做了一个手势："放学了，——你们走吧。"

对这一部分进行诵读时，学生一开始可能情感把握不够到位，出现诵读与文本情感不一致的现象，如语调平缓、感情不丰富等。这时，教师要及时进行指导，让学生体味韩麦尔先生的内心激情，在朗读时要起伏有致、情感饱满，体味主人公内心的无奈和痛苦，尤其是在说话时停顿处的"我——我——"，以及"待在那儿，头靠着墙壁"，让学生在诵读中体会到韩麦尔先生对祖国沦陷的哀痛之情以及对未来的绝望与迷茫。

（二）创设富有情趣的语言情境

小说阅读最重要的是读懂文本，这也是小说阅读教学的基础。学生只有在读懂文本的基础上才能对文本展开有效的分析，把握作品的内涵，体味文本所采用的艺术手法。因此，教师可创设精美的语言情境，引导学生进行文本的赏析。小说的语文文本形象而生动，教师要抓住这一特点，借助生动的语言来创设情境，化抽象为具象，将文本内容形象化，带领学生进入情感丰富的文本世界，享受精神上的愉悦之感。

例如，在学习《孔乙己》一课时，鲁迅写孔乙己是"站着喝酒而穿长衫的唯一的人"，"总是满口之乎者也"，买酒时"排出九文大钱"。这些描写非常形象，将一个旧时代沦落到底层的知识分子的形象描写得淋漓尽致。透过文本，学生会感受到这位在科举制度下受尽屈辱而自己又不醒悟还守着那么一点斯文的可怜人的形象，使人产生一种既可笑又怜悯的情感。通过这些个性化的语言描写，学生可以加深对小说人物形象的理解，从而进一步把握小说的主题。

（三）创设特定的表演情境

想象是理解文本内涵的主要渠道。教师可创设特定的情境，让学生结合文本进行合理的想象和联想，通过情境表演的方式让学生走进文本，体会人物形象的内心世界。这样，不但能让学生深刻理解文本的内涵，还能锻炼学生的表演能力、发掘学生的潜能、激发学生的学习兴趣。

例如，在学习《变色龙》一课时，可指导学生将文本改编成情境剧本，把课堂变成学生表演的舞台，让学生与文本进行心灵上的对话，通过表演来体会文本的情节，感悟人物的性格和心理活动，进一步体味小说的深刻内蕴。

"这条狗不是我们家的，"普洛诃尔继续说，"这是将军哥哥的狗，他前几天到我们这儿来了。我们的将军不喜欢这种狗。他老人家的哥哥喜欢。……"

"莫非他老人家的哥哥来了？乌拉吉米尔·伊凡尼奇来了？"奥楚蔑洛夫问，他整个脸上洋溢着动情的笑容。"可了不得，主啊！我还不知道呢！他要来住一阵吧？"

这一段人物语言非常生动，教学中可以让学生在这一片段的基础上进行表演，把人物的飞扬跋扈和阿谀奉承的双面性展示出来，使这个丑角形象更加惟妙惟肖。尽管在文本中作者没有花大量的笔墨去描写人物的神态动作，但是经学生的想象展示之后，人物的丑恶嘴脸就会浮现在他们的脑海中，从而激发学生浓厚的学习兴趣。

二、小说阅读教学借助媒体技术创设情境

（一）运用音频创设情境

一是借助音乐的感染力来导入情境。小说文本的阅读感悟是第一位的。学生有情才能动情并进而生情，而音乐是最能打动人心的情感艺术，并且音乐也是学生比较喜爱的一种艺术形式。在进入文本阅读之前，教师可设计导入情境，借助音乐渲染氛围，让学生沉浸其中，置身于阅读情境中。例如，在学习《爸爸的花儿落了》一课时，教师可先播放音乐《送别》，先让学生在情感上受到感染，对学习的内容产生情感上的共鸣和认同之后再引出送别的主题。二是利用好音乐的魅力调节课堂气氛。音乐会对人的情感造成冲击。教师要利用音乐特性，在教学中使学生产生联想，以加深对文本内涵的理解。例如，学习《社戏》中月夜下行船一节内容时，学生对江南夏季夜景可能有不同的感受。这时，教师可播放音乐《月光曲》，让学生在音乐的氛围中进行感受、产生联想，有身临其境之感，达到了物我共鸣的效果。

（二）借助音乐的艺术效果创设情境

在情境教学中，学生的情感一直处于活跃状态，教师要及时调整学生的情感体验，加深对文本内容的理解，借助音乐的艺术性创设情境，让学生沉浸其中，产生艺术效果。例如，在学习《慈母情深》一文时，当学生读到母亲用她的尊严为"我"换回小人书时，会在心里产生强烈共鸣。这时，教师可放歌曲《当你老了》，在音乐的伴奏下加深学生对母亲情感的体会。虽然音乐是短暂的，但是学生对母亲的爱却是永恒的。

（三）借助视频创设情境

初中学生的抽象思维能力较差，兼之社会阅历不深，对一些文本内容理解跟不上，无法在教学中产生情感的共鸣。为此，教师可借助视频进行情境创设，让学生快速进入文本描写的特定情境中，激发阅读兴趣，加深对文本内涵的理解。

例如，在学习《水浒·智取生辰纲》一课时，教师可对电视剧《水浒传》中的视频进行剪辑还原故事情节，将情节中的精彩部分呈现给学生观看，激发学生的阅读兴趣，然后带领学生走进文本。当学生从视频观看中回到文本阅读后，教师再着手梳理故事情节、分析人物形象，引导学生在强烈的艺术回味中带着浓厚的兴趣参与学习。这样做学生对于文本的理解会更加深刻，从而极大地激发学生学习的兴趣、提升学生对文本的理解能力。

三、小说阅读教学要立足于生活创设情境

（一）借助生活体验创设情境

语文教材在编排上充分考虑了初中学生的年龄特征，大多作品都是非常适合初中学生阅读的，对他们的生活和学习有着很好的指导意义。因此，在进行阅读情境创设时，教师一定要立足于学生的生活体验，结合文本内容创设情境，带领学生进行阅读。

例如，在学习《走一步，再走一步》一课时，文本中作者写到这样的一段：

　　我往下看，但是却感到阵阵晕眩；一股无名的力量好像正在逼迫我掉下去。我紧贴在一块岩石上，感觉天旋地转。我绝对下不去。这太远，也太危险了；在悬崖的中途，我会逐渐感到虚弱、无力，然后

松手，掉下去摔死。但是通向顶部的路看起来更糟——更高、更陡、更变化莫测；我肯定上不去。我听见有人在哭泣、呻吟；我想知道那是谁，最后才意识到那就是我。

这一段描写非常精彩细致，表面上看是写攀登悬崖时的困难，其实何尝不是人生的哲理呢！面对困难时，应该有怎样的态度，应该怎么样去对待呢？对这一问题，当阅读完文本之后，学生心中自然就会有明确的答案。这就是阅读的魅力所在。

（二）借助生活交际创设情境

语文的特性是工具性与人文性的统一，所以在阅读学中要能凸显这两种作用，让学生通过阅读提高交际能力，而小说文本中的情节和对话给学生提供了很好的素材，教师可通过情境的创设提高学生的语文应用能力。

例如，《羚羊木雕》一课的文段：

"你能不能把羚羊还我……"我几乎听不见自己的声音。万芳愣了一下，没有接小刀，只是咬着嘴唇看着我，我垂下眼睛不敢看她。

她妈妈接过来一看说："哎呀！你怎么能拿人家这么贵重的东西哪！"她把羚羊递到我的手上："好好拿着，别难受，看我待会儿揍她！"我把小刀递到她的手上说："阿姨！羚羊是我送她的，都怪我……"当我抬起头来的时候，万芳已经不见了，我知道她不会再跟我好了……我一个人慢慢地走在路上。

共出现了三组人物，他们之间形成了不同的交流方式，教师可让学生在理解文本的基础上，分角色朗读"我"找万方想要回羚羊木雕的一节内容，以此体味、揣摩人物的内心活动。在此基础上，教师创设情境让学生换位思考来仔细体会三个人不同的心理，可以加深学生对父母的理解、促进学生思维的发展。

总之，在初中小说阅读教学中，创设情境提高学生的阅读能力是阅读教学的目标之一，教师一定要立足文本内容和学生实际，创设有效情境，落实教学目标，提升学生的阅读素养，促进学生的全面发展。

校本课程，点亮特需孩子人生的色彩

青岛市崂山区特殊教育学校　高玉璐

2022年1月25日，教育部出台了《"十四五"特殊教育发展提升行动计划》，提出建设高质量特殊教育体系的宏伟蓝图，让每一个特殊儿童都有人生出彩的机会。让特需儿童在提升自身各项能力融入社会的同时也能拥有高质量有品质的生活，这是我们一直以来的追求，也是我们多年来开发校本课程的初衷。

聋生的教学更侧重于学科教学，而康复方面课程空缺严重。培智学校的学生情况差别较大，尤其是对孤独症学生要特别关注。学校授课以集体教学为主，孤独症学生本身的学习和病理特点决定了他们并不能完全适应集体教学，需要提供专门化的课程以小组课或个训课的形式开展，来适应他们学习和发展的需要。

一、开发校本课程，适应不同类型学生需求

特殊教育学校的孩子情况非常复杂，以发育迟缓为主，也有多动症、脑瘫、孤独症、唐氏综合征等多种障碍类型；总体来说，孩子的智力和能力都远低于正常水平。精神发育迟缓的学生各方面发展远远滞后于同年龄儿童正常发展水平，理解能力较差，注意力难集中且注意时间短。而对于孤独症学生来说，语言和言语上存在的问题是他们的核心障碍。孤独症学生有很强的自尊心，表达上的困难会严重影响他们的情绪，极易引发他们的情绪问题和行为问题。

孤独症学生也存在自身的学习发展优势，如智力情况相对要好很多、视觉学习占优势。普通人对事物的观察一般都是从整体出发，而孤独症学生大都是

从局部去观察事物，在细节的处理上甚至优于常人。这些都在激励着我们去发掘孩子们身上的闪光点，相信他们也有发展的无限可能。但在大众眼光中，他们是需要被照顾，被保护的孩子，代替他们去完成很多在生活中较难完成的任务。这样一来，孩子们的依赖性也渐渐增强，变得被动，不愿意主动去学习和掌握新的知识和技能。在这种过度包办下，慢慢地，这些特殊孩子失去了主动去做事的意识和能力，他们也深信自己"不行"，并逐渐丧失对实现自我价值的渴望。这样的习得性无助对他们融入社会是非常不利的。大多数培智学校的学生毕业后都是回归了家庭或进入福利机构托养，能够参加工作的是凤毛麟角。

二、开展康复训练课程，促进学生发展

我一直都在思考，是不是有办法改变这样的状况，让孩子们"主动"起来，去争取，去拥有属于他们自己的精彩人生？第一步，我们想到的是帮助学生"补缺"。我们陆续开设了运动康复、语言康复、音乐治疗等多种课程。在对学生进行评估的基础上，进行康复训练来补偿学生发展上的缺陷，效果非常明显。

小陈是一名多重障碍的学生。他的口腔肌肉严重不足，不能正常说话和进食；右手和右腿肌肉萎缩，右手不能抓握，行走也非常困难，一不注意就会失去平衡。在日常活动中，他经常会摔倒，碰得满嘴是血。他患有癫痫。癫痫发作时身体僵直、浑身抽搐、失去意识。但是，他智力却相对正常。长期面对别人异样的眼光，小陈非常自卑，也不愿和别人交流。要改变小陈情绪上的消极状态，首先要提升他的身体各方面素质和独立自主的能力。

我为小陈做了一次全面的评估之后，与他进行了一次深入的交谈，让他了解自己的情况并鼓励他坚持康复训练。运动康复课程和语言康复课程提高了他的身体素质和语言表达能力，精细操作的训练提升了他手部的灵活度。除了课上的训练，课后他也能坚持一定量的训练。通过几年的坚持康复，小陈的身体机能有了很大的提高，不但基本实现了生活自理，也越来越自信了。在运动会和书写比赛中，他都获得了不错的成绩，还学会了和我配合弹奏钢琴。在"六一"会演中，他的精彩表现惊艳全场。现在的小陈阳光自信，生活丰富多彩。所以，我们不要轻易给孩子贴标签，要看到他们发展的无限可能。

三、开展艺术休闲课程，提升学生的生活品质

想要使孩子们自信地、阳光地快乐生活，就应该使他们拥有更多的自主选择权，使他们可以按照自己的意志选择感兴趣的娱乐休闲方式和活动。受到小陈的启发，我们对校本课程在康复训练的基础上进行了充实，增加了器乐、绘画、手工等特色课程，形式也在不断丰富。

2016年，教育部正式发布了《培智学校义务教育课程标准》。根据课程标准的要求，我们将艺术休闲课程，分为文艺活动、体育活动、旅游活动、游戏活动和其他活动，学生的休闲知识和休闲能力极大提升，学习后休闲活动的选择范围也相应扩大。其中，有很多课程是非常适合能力水平较低的学生学习的。比如水拓画印染，学生只要能二指捏拿甚至能握就可以完成创作，对能力要求非常低。这让很多原本没有办法参与休闲活动的学生也能够尽情发挥，在艺术创作中放松身心、调整状态，感受艺术创作的快乐。同时，我们开设了如乐高机械搭建等趣味性强且具有挑战性的课程，以及根据学生自身特长或者潜能开设了器乐演奏等内容的课程。

我校课程开设的成效是非常显著的。孩子们在课堂上学习认真，活动时也非常投入和专注，甚至有些学生将休闲学习、内容变成了自己的特长，在毕业时还举办了个人画展、参加了鼓队表演演出、制作的金丝画、钻石画作品还获得了一定的收入。看到孩子们自信、阳光，看到他们精神焕发，我内心感到无比幸福快乐。

"技术赋能"英语学科作业减负增效的策略探究

青岛市崂山区麦岛小学　胡　娜

"双减"政策实施以来，我校英语课依托信息化手段赋能，依托智慧教学云平台打造高效课堂，精准实施"靶向"作业、分层作业和个性化作业，激发学生的求知欲，使学生真正实现轻负担，高效率地学习。

一、加强组内集备，精选高效练习

（1）为了使练习的针对性更强，教研组老师根据实际情况，加强集备，除了平台原有的资料以外，利用手中一些优秀的资料，提供需要补充的习题集，联系平台负责人及时补充，构建专属性的校本题库。

（2）结合教学云平台丰富的智能题库，英语老师根据题型、知识点、能力达成等维度精选习题；作业组合完成后，由级部教研组长进行审核，然后将作业进行同级部分享和发布，力求学生练习的每一个题都有相对应的效果。

二、推行课业分层，实现因材施教

（一）一卷多测，课上分层

根据学生的知识掌握程度、做题速度、学习能力等差异，利用课堂教学云平台的"一卷多测"功能，实现课上分层。将部分题目设计成必做题和选做题，学生完成后进行当堂扫描，出示数据，当堂进行有针对性的讲解。剩余的题目给学有余力的学生作为课堂拓展练习，实现课堂中的课业分层。例如在备课五年级Module 10 Unit 1时，我利用云平台设置了一份随堂小练习以检验学生课堂学习效果。前两个题目要求课堂新授课结束后当堂完成。第一个题目是根据课文内容判断句子正误，跟课文内容紧密相关。通过这道题可以检验学生对文本的理解。第二题是在文本的基础上进行适当延伸，设计有相关的单选题，检验学生对知识的理解和应用或相关语法点。学生限时完成，当堂进行扫描，我根据数据检验学生对本课知识的掌握情况，然后根据数据有重点地进行当堂讲评。剩余的练习由学生在课余或回家完成。我通过智慧课堂的一卷多测功能，实现了课上分层，提高了学生的学习效率。

（二）靶向作业，个性辅导

个性化辅导主要通过发放靶向作业和错题集两个抓手来实现。作业扫描完成后，系统会自动统计学生对每个知识点的掌握情况。在收集学生错题后，我通过大数据分析掌握每位学生的薄弱知识点，形成具有针对性的错题集，布置靶向作业，帮助学生巩固改错。靶向作业不仅可以布置错题本身，还可以根据错的知识点选择多种同类型变式题，自主改编该习题，从而作业更有针对性。这样，可以最大限度地避免学生"只背答案"的不利影响，真正让学生能充分练习知识点。例如，我发现五年级学生在学习Module 7的过程中，对can/could的时态和用法掌握得不够熟练，便从学生云平台作业中累积的错题里选择了相应的题目，并进行变式训练、布置靶向作业进行巩固。每位学生的靶向作业数量是不一致的，但都是自己的薄弱项：对于已掌握该知识点的学生来说，大大减少了重复练习带来的作业负担，避免重复性、机械性的作业；对于该知识点薄弱的学生来说，可以充分查找到自己的知识漏洞，通过精准的变型与操练进行查漏补缺、提质增效。

（三）作业超市，自主选择

利用云平台中丰富的题库资源，我建立了语法、词汇、阅读、语音、交际等各项练习以及各种难度系数的作业"超市"，学生可以根据自己的情况自主选择适合自己的作业，也可根据老师建议和自己的学习进展选做其他层级的题目，为各个层次的学生提供了更有针对性的作业类型，切实减轻了学生的作业负担，提升了教学的精准度和整体效果。

三、数据分析 精准教学

（一）每次作业扫描之后，学生成绩都会及时上传到教学云平台

用平台自动统计学生成绩，平均分、最高分、最低分、错题数一目了然；

此外，还可以下载表格进行数据分析、数据上报，学生整体和个体的学习掌握情况也一目了然，尤其是每道题的得分率以及正误名单更有助于教师的精准教学。课堂上我会根据学生错题分布数据进行习题讲解，对错误率高的题目进行重点讲解或对学生个人进行单独辅导。同时，我基于数据分析，把脉课堂教学效果，经过诊断确定课堂教什么、怎么教、练什么、怎么练，确定好课堂教学目标、单元教学目标、学段目标，对班级学生进行分类分层，精选教学资源，精深备课，精准上课，进而为每一位学生提供更适合、更高效的教学。

（二）以智能作业为核心，结合作业大数据分析，做好学生过程性评价，丰富学生的评价维度

这样做，既能实现对学生当前某一次作业的针对性分析，又能实现对学生历史数据的长期分析追踪，快速掌握学生的不同学情，以数据为驱动，基于多维学情分析应用，开展多角色、多维度、立体化的数据分析，追踪班级、学生分别在纵向时间周期中的各项指标变化曲线，了解各类不同的因素对学生学习成长曲线变化趋势所产生的影响。利用数据分析，加强课业评价，可以帮助教师精准分层设计作业，推送符合学生最近发展区的个性化作业内容，避免机械、无效训练，实现"差异化教学"与"个性化学习"与"大规模"的有机整合。

借助海大智慧云平台，我实现了作业的改革和创新，打造了双减政策下的高效课堂。今后，我将继续依托基于大数据支撑的智慧云课堂，探索智慧减负之路，推动双减政策落实落细。

"双减"背景下的小学音乐教学设计浅析

青岛胶州市实验小学　赵炳燕

音乐教学,是教师教和学生学的双向互动的一种有目的、有计划、有组织的互动过程。音乐课堂作为教师的主阵地是否具有鲜活的生命力,教学设计的好坏起着决定性的作用。小学音乐教学设计的过程,一方面体现出教师的教育理念,另一方面又展现出教师掌控教材处理教材的能力、反映出教师的创新意识。只有理解了音乐课堂教学过程,音乐课才能上档次、上水平,才能立于不败之地。"双减"背景下,一节好的音乐课首先就要有好的教学设计。

一、背景分析

(一)新时代发展素质教育的需要

党和政府历来高度重视"发展素质教育"。进入新时代,中国在发展,教育在改革,素质教育理念逐步深化、体系渐趋完整。在所有的艺术形式中,音乐是最擅于抒发情感、最能拨动人心弦的艺术形式。在新时代背景"双减"背景下培养学生的音乐核心素养,重点就激发学生在音乐、舞蹈、戏剧、戏曲、影视等方面的兴趣特长等。学生的音乐学科核心素养要求音乐教师通过课堂教学等活动一点一滴地培养。

(二)新时代音乐要素培养的需要

"听""感""赏"是音乐审美的三要素。

"听"。声音是音乐的一种重要表现手段,意境的创造必须通过"音"作为素材来实现。音乐必须通过唱、奏等途径让耳朵听到后,才能让人有美的体验,才能让人产生追求美感的内驱动力。

"感"。音乐感受注重的是感觉。充分感知、感受音乐之美,是音乐审美素养的核心。这种感觉既有对其外在的声音、形状、色彩的感知，也有对音乐内在的情感的理解。一个人具备了一定的音感，才能实现对音乐产生真正的感知与领悟。

"赏"。音乐有其独特的美，它的每一个音符都具有独一无二的内在含义。音乐欣赏的过程很重要，它往往都是由浅逐步入深，即是从感（被感染）到理（对音乐的思考）又回到感（更深一层的提升）等逐步提升的过程。欣赏音乐的阶段不同，所带来的思想内容也就不尽相同。如果你在欣赏音乐中不积极主动，那么你也许就没法真正去领会音乐的真谛。

（三）新时代音乐课教学的实际需要

2017年，新修改的《基础教育课程改革纲要》的颁布预示着基础教育将发生从教育思想到教学内容、从教学组织形式到教学评价体系的深刻变革。这是一次改变教师角色的深刻改革。传统的教学一般都以师为中心，把学生设计在划定的框框内；教师关注的是"课"，而忽略的是"人"，教师为如何"讲"而做准备。而"双减"形势下的教学模式要求教师必须把学的主动权还给学生，以学生为主体，真正让学生主动参与、积极思考，从而积极主动地发展。

作为一名小学音乐教育工作者，我们在小学音乐教学中，应创新方法引导学生走进音乐、体验音乐、陶冶情操，充分做到"减负增效"。

二、实施策略

《礼记·中庸》曰："凡事预则立，不预则废。"教师一旦将教学的目的和内容等确定后，就要选用合适的教法予以实施。经过多年的学习、探索和教学实践，根据"双减"背景下的重新定位，我归纳总结出"三三三"法音乐教学设计。

（一）做好三注

1.注意导入方法的艺术性与实效性

导入是上好课的一个重要环节。"良好的开端是成功的一半。"音乐课堂是师生一起欣赏美、表现美、享受美的过程。教师应运用多样性与实效性的导入方法，激发学生学习的兴趣，让一节课的开始成为一块"磁铁"，深深地吸引每一个学生去尽情地享受音乐的美。例如在聆听《狮王进行曲》时，我运用了故事渲染的方法设计：在一个美丽的大森林里，住着很多小动物。一天清晨，天气格外晴朗，小动物们都早早起床，梳洗打扮后，来到清澈的小河边、碧绿的草地上嬉戏玩耍，真快乐呀！突然，从远处传来的声音，使小动物们的情绪发生了变化。你猜，小动物的情绪发生了怎样的变化？它们是变得高兴快乐了，还是变得恐惧害怕起来了呢？这其中到底发生了什么事呢？一起来听一下吧！……我借助故事渲染气氛，一下子把全班学生的学习兴趣和表现欲望激发出来。

2. 注意以审美体验为重心，有效激发兴趣

音乐课堂教学应在教学过程中，以学生为本开展审美教育活动，从审美体验的视角去把握和践行课堂教学。例如在《我们大家跳起来》教学中，我运用了音乐形象感知对比法。本节课如果单从视唱开始，会使学生觉得枯燥乏味。我改变了教学方法，先给学生一个完整的音乐形象，然后让学生在旋律中听辨共有几个乐句并比较它们的异同，最后借助旋律线条帮助学生感受高低起伏的旋律，这样学生学起来就容易多了。

3. 注意面向全体学生，运用层次教学法，因材施教

音乐课上教学环节的设计要结合学生实际，分层分类实施推进，例如，可以将教学内容根据教学目标分成不同层次的小内容，对学生进行分类教学、指导。因为不同学生的音乐素质和天赋等肯定存在差异，如果注意力经常停留在音乐天赋好的学生身上，天赋差些的学生会慢慢地厌烦音乐课。所以，在引导学生参与教学的过程中，首先要提前了解学生的音乐素质差异情况，做到有的放矢，以便因材施教。然后，教师应结合教学环节，在调动学生兴趣方面多做工作，努力激发学生参与学习活动的积极性，让学生自发地去欣赏音乐、体验音乐。最后，教师要多思考、多探讨、多挖掘，及时总结经验，不断创新调整课堂教学设计，努力提高课堂教学效率。只有这样做，学生才会愿意学音乐，双减课堂才能实现高效。

（二）抓住三点

1. 抓住着重点

教法最忌不分主次。火车跑得快全靠头来带。只有学会了抓重点，教学才能明确目标、分清层次、突出重点。只有在质量上求精，在深度上求透，才能

设计好一节课，也才能上好一节课。

2. 讲清疑难点

如何找准疑难点？就是三个字"解扣法"，为学生解疑答难，排忧解惑。定难点：学生疑难结在哪就解决哪，直奔主题，让学生茅塞顿开。设疑点：有意识地在课堂教学过程中设置疑难点，不断引导学生主动思考，逐步调起学生思维的兴奋度，增强学习效果。设置疑点要讲究艺术，如可以师设生答、生生对答、自问自答、可以问而不答等，通过科学定难设疑，实现学生自主探究。

3. 选准兴趣点

什么是兴趣点呢？兴趣点可以被理解为学生不知但想知的事。一旦找准兴趣点，可以让学生兴奋，点中学生参与学习的"动情点""新鲜点"。在课堂上有效安插兴趣点，会让教师的教学更具魅力。兴趣点的设计须巧妙，要立于教学目标、基于教学内容、从于欣赏需求，切不可偏题、跑题、离题。只有做到在从学生欣赏音乐的兴趣中制造"兴趣点"，才能实现在音乐教学的过程中激发学生的"兴趣点"。

（三）突出三性

1. 注重启发性

教学的最高艺术就是通过高效课堂，把学生的积极性充分调动起来，让其产生惊讶、疑惑或者兴奋，有效地拓其思维、激其智能。为此，教师可采取对比、类推等方法，让学生在对比中，变难为易，变繁为简，自然类推。

2. 强化节奏性

高效的课堂其节奏必然优美和谐，它能给学生带来诸多美的体验和感悟，如情感的时起时伏、语调的抑扬顿挫、声音忽高忽低、节奏有快有慢等。诸如此类的节奏变化，必会让音乐课堂教学高潮接连不断，彼此起伏。

3. 力求形象性

音乐的形象是一种美学概念的范畴。它有三种存在状态，即客观的声像、主观的听象和视像。声像作为音乐的本源艺术形象，在主观反映上，可以广义扩展为听象和视像，就是我们除了感性思维外在理性思维上所认知的东西。我们之所以能渐渐懂得影视画面里无声的东西，更多地就是依靠对音乐或是音响这样语言符号的联想。凭借着耳朵听到的和眼睛看到的，在潜意识里摸索、追问和分析，从而构成对画面的理解，这就是一种音乐的形象性。

　　"教无定法，贵在得法。"让音乐课活起来的方法和手段举不胜举。"双减"背景下，作为一线教师，我们应在小学音乐教学中通过各种有效的途径和方式，巧妙设计切入点、关键点，千方百计地激发学生参与音乐的兴趣，进一步发挥学生的主观能动性，引导他们最大程度参与到音乐教学活动中来，从而让学生喜欢音乐、享受音乐。

信息技术课堂教学策略

山东省平度师范学校　曲莲花

《中国学生发展核心素养研究报告》（2017年，作者：林崇德）提出，我们要全面培养学生适应社会发展、终身发展所需的品格与能力。这是我们国家在立德树人方面进行的一项非常之举，以不断提升我国的教育教学能力、不断提升青少年的素养能力。这些能力的提升离不开信息技术的教育实施，这是现代化社会要求学生必备的能力素养。通过信息技术素养的学习，我们能在实践中培养学生的综合分析问题、解决问题的能力，使他们在实际生活中高效率、创造性地完成工作任务。在信息技术应用如此广泛的今天，我们必须培养学生的信息方面的核心素养，引导学生学会使用信息技术改变生活，增强他们为国家服务的意识。

一、培养学生的创新能力

创新是一个民族进步的灵魂，只有创新一个民族才有出路。在日常的信息技术教学中，我非常注重学生创新能力的培养。

（一）创设良好的教学环境

学生只能在环境舒畅的氛围中学习才会有收获，才会认真去思考、探索。好的教学环境需要教师去营造，环境的好坏会极大地影响个体的发展。当年孟母为了给孟子提供一个良好的教育环境多次迁居，可见环境对一个人的影响有多大。当我们把一个小孩子放到森林中，他可能只会学到动物的本领，而人类应该具备的能力都会退化。教学中，我会鼓励学生大胆地说出自己的想法，说错了不要紧，关键是要敢于去想、敢于站起来说。真理不都是经过多少次的失败总结出来的吗？所以，课堂中一定要给学生足够的时间和信心，让学生不怕失败、不怕说错，在尝试中不断成功，让学生获得成功感，敢于质疑，敢于挑战、主动探究。这样的教学环境会激励学生在积极的氛围中参与学习，真正成为课堂的主人。

（二）灵活结合教材，激发学生创新意识

信息技术发展飞速，在课堂教学中我们不能固守于教材；当然，也不能不用教材，而是要灵活地结合教材补充新知，让学生始终走在信息技术的前沿。我们要以教材为依据进行新知识的补充。书本上的知识一般是较旧的，但也有一些亘古不变的理论，这是我们绝不能摒弃的，要继承和发扬。

教学中，我大胆进行教学改革创新，把当下实用的新知识传授给学生，引导他们思考、讨论和创新。在教学中，我采用任务驱动法，即将任务交给学生，让他们自主地发现问题、进行探究、创建新知。

二、培养学生的研究性学习能力

教学中，我们一定要让学生学会研究性学习，不能只一味地讲而让学生被动地听，不给学生足够的时间和空间。在信息技术发达的今天，需要的是如何进行学习的改革创新，如何让学生学会方法，让学生明白遇到问题时应该先进行研究和思考的道理。

学生是学习的中心，是学习的主人。课堂教学中教师应想办法调动学生的学习兴趣和积极性，一味地进行填鸭式的教学无法完成教学任务。在信息技术高速发展的今天，学生几乎可以从网上找到自己想要学习的任何东西，我们教师的知识储备远远不足。教师应充分利用信息技术平台，引导学生主动构建自己的知识结构和内容。当然，这样做并不是课堂教学中不需要老师了，我们的任务反而更加艰巨了。教师应不断地学习，当学生的引导者，对他们进行适当的点拨，成为他们的指路明灯。

三、培养学生的合作精神

一个人走得很快，一群人会走得更远。这个社会需要的是一种团队精神。课堂中必须让学生学会合作，通过讨论进行头脑风暴，在不断的碰撞中产生思维火花，在矛盾中构建新知。只有站在巨人的肩膀上，才会看得更远。课堂

上，教师把学生分成几个小组，选出组长（组长可轮换担任），小组成员可以充当不同的角色，担任不同的任务；一定做到让每位成员有事做，有任务要完成，同时又要求他们必须相互合作、相互帮助。如何分组？如何给小组分任务？各小组成员应在任务中担任什么样的角色？这些需要教师课前下功夫去研究。

课堂教学中，教师需要有智慧地去掌控学生的学习过程，要适时对学生加以引导，做学生的指路明灯，让学生始终有目标可寻、有前进的动力。通过这种小组合作，学生能够相互学习、相互激励、相互献言献策，每个学生会在别人的观点中重新构建自己的知识储备，学习效率大大提高。合作学习体现的是集体的力量，是一种有效的教学方法，学生的思维会在碰撞过程中得到升华。团体合作的方式，会让学生体验到互相帮助的重要性，意识到只有团结起来才会到达胜利的彼岸，这样便可于潜移默化中对学生进行了品德教育。

教师是学生的指路明灯和引路人。教学中我们必须大胆改革，不应只是让学生学会知识，而要提升他们学习的能力，培养他们树立终身学习的意识，引导他们将所学知识运用于实践，去适应社会的发展，为国家培养德才兼备的有用人才。

基于学生核心素养提升的小学创意美术课教学探索

青岛莱芜一路小学　宋　英

何谓核心素养？观看了著名美术教育家尹少淳教授题为"美术教育'核心素养'"的讲座后，我们有了答案：必备品格和关键能力。而美术学科的核心素养则是综合了美术认知与审美、美术欣赏与表现、综合考察美术特征、社会特征和教育的关系各学习领域，提炼出了图像识读、美术表现、审美判断、创意实践和文化理解五个核心素养。

世界各国都非常重视创造性人才的培养。这就要求我们当代教师需要站在未来的视角去深入思考、潜心研究培养怎样的人才才能适应时代的发展。在科技迅猛发展的今天，如何利用美术学科特点进行创新能力和创新思维的培养无疑成了我们一线教师不断探索的课题。

一、增加创意美术课程的厚度，播下创新性思维的种子

（一）世界上的艺术是相通的，"点"成了沟通的元素

中外美术作品中每一件美术作品的诞生都倾注了画家所有的情感，如欢乐、幸福、甜蜜、悲伤、思念、痛苦、呐喊等一切人性中最深沉的情感。教师带领学生与美术大师邂逅，仿佛与大师进行着心与心的对话。教师应引导学生走近美术大师，了解他创作背后的故事，试着用他们创作的元素也来表现一下自己。绘画中三个构成画面的元素永远联系在一起，点、线、面的变化无穷。所以，关于点的系列课程就应运而生。比如，我们引领学生走进《走进波点的世界——草间弥生》，感受那个被世界称为"怪婆婆"的草间弥生用点表达的世界，走近点彩派代表画家莫奈《日出·印象》、乔治·修拉《大碗岛的星期天》、西涅克《马赛港的入口》的点彩世界，领略梵·高那灿烂灵动、用点创

作的《星月夜》等，让学生感受利用点——这一表现元素进行的创作有趣且富有变化。当把这些艺术珍品呈现在学生面前时，他们惊讶不已。创意课打开了一扇扇通往美术殿堂的大门，让学生能够感受到各个国家不同文化符号、不同表现形式、不同作品的美感，提升了他们的文化素养和评价作品的能力。而在这个系列课程中，我们不是单纯教授技法，而是重视培养学生读画作时的创新性思维，注重艺术思维的认知培养。比如，你看到了这么多用点创作的作品，有何感受？你喜欢哪一种点的表达？你发现了点在画面中有哪些变化？在这些作品中，色彩和点是如何被巧妙地运用，又表达了画家怎样的情感？……学生在师生、生生互动中感受到了不同的点构成的多彩画面。而接下来互动探究环节的方向也是极具开放性的，教师会启发学生在观察感受的基础上有感而发，形成自己独特的角度和引发思维的发散；使学生在点系列课中不仅学会了感受点的表达形式，也领会到怎样运用点来表现自己所看到的事物，还感受到点状的画面所带来不同形式的美感，让他们联系自己的生活利用点这一表现元素在观察、感受后进行创作。期间，所营造的开放、民主的氛围引发了学生的发散性思维，展现了他们思维的灵活性和流畅性，使他们的创新性思维得以萌发。

（二）世界上的艺术是相通的，"线"是丰富艺术世界的重要元素

在完成了关于点的系列课之后，我们又带领学生走进线的世界。当领略了中国画中的线：吴道子的《八十七神仙卷》，到吴冠中的《春如线》，再到外国画家冷抽象主义的蒙德里安的《与蒙德里安的格子的邂逅》、毕加索的《少女与鸽子》，让学生运用多变的线条进行情感的表达，丰富自己内心世界的感受。

二、拓展创意美术课程的宽度，创造性思维能力在综合材料的创意中得以提升

在美术创意课程中，为了让学生能够在开放的状态下发展创造性的思维能力，我们为学生开发了多种综合材料的系列创意课程。

新课标强调教学设计依学定教。美术教学设计主要就是以逆向思维为指导，解决学生在课堂中如何"主动学、深入学、有效学"的问题。我们在课程实施中会先让学生欣赏一些中外房子的图片，引导学生了解房子设计的功能，建立"设计实用性房子、设计出美观且有特点的房子"设计理念，然后通过提供大量资料让学生欣赏西班牙建筑大师高迪的建筑作品，了解新艺术运动下的建筑变成了什么样子；带领学生走进巴塞罗那前卫、最疯狂的《神圣家族教堂》《圭尔公园》《米拉公寓》《文森特公寓》等形态各异的建筑进行小组间的学习、讨论思考、商讨确定所设计的房子主题，然后通过教师的引导到最后达成共识，明确了房子为谁而建，传递情感，做有故事、有温度、有主题、有特点的房子设计。接下来，学生设计出恐龙城堡、魔法屋、糖果房、移动的城、能长高的房子、会呼吸的房子、科技宫等。这一过程体现了学生在深入思考房子的作用和意义后，已经从更高的维度，像专业建筑设计师一样，从精神、情感层面思考问题。当学生已经有了想法之后，便会运用不同的材料进行房子的创意设计，使自己的想法变得立体起来。板材、各色纸张、超轻黏土、纽扣、糖纸、吸管、大头针、小石子……一股脑地被搬进了课堂。丰富的材料大大激发了学生的想象力，教师在此环节仅提醒学生房子的材料和房子的功能要统一和和谐。试想多年之后，这些学生会不会成为真正的建筑师，会不会自己装饰自己的新家，将生活过成诗和远方？通过创意美术课程，学生的创造性思维得到了培养。

三、拓宽创意美术课程的广度，将创造性思维审美素养的培养得以落实

当然，除了以上的课程之外，我们的创意课程还从各个不同的艺术门类让学生去学习不同主题下的课程，更深入地通过课程学习丰富自己的审美素养，丰富艺术与生活的创意体验，使创新性思维的审美素养得以落实。比如，我们在色彩系列课程中，让学生体验流体画的创作。通过利用学到的关于色彩的知识，他们用调制好浓稠的颜料来表达各自的情感。学生在创意课程如系列国画课程、海洋剪纸课程甚至是美术创意夏令营的体验中，提高他们的创新性思维的审美判断力、审美能力。创新性思维的培养促进了学生艺术素养的提升必备品格。

创意美术课程是依据教师所研究的课题来进行设计的。该课程尊重学生的身心发展规律，从过去比较偏向美术本体技能的培养发展到关注文化认知

和能力发展，超越关于美术本体的认知，关注学生整体的人格建构和艺术素养的提升。

　　基于学生核心素养提升的小学创意美术课程设置的尝试和研究一直是我们一线教师关注的焦点。越是开放的教学，学生就越能发挥自身的潜力。在创意课程的实施中，教师需要更加积极、更加自主地完成有关创意课程的开发和研究。

初中英语书面表达教学探讨

青岛大学实验中学　张丽莉

　　学生英语书面表达能力是初中英语教学中的重点和难点，是学生学习英语的关键能力之一，它考查学生运用所学语言知识与技能以书面形式进行信息沟通、再现生活经历、描述周遭事物、发表意见和观点的综合能力。在日常教学中，笔者发现学生的书面表达常常因为基础知识不够扎实，缺乏写作常识和技巧等而丢分。

一、初中生英语书面表达中存在的主要问题

（一）句子结构单一、重复

　　在书面表达过程中，学生往往由于词汇量较小且没有真正理解词句的用法，出现了句子结构单一而重复的现象。学生平时学习中死记硬背单词、句子，在写作时往往生搬硬套，缺乏灵活运用的技巧，只能写简单句，缺少举一反三的遣词造句的基本能力。

（二）语法混乱

　　学生的书面表达中语法错误较多，具体表现在以下几方面：第一，不能根据所给题材正确审题，选用合适的时态和人称；第二，常出现句子的主谓宾不一致、前后指代不一致、问答不一致的现象；第三，名词所有格、第三人称单数、动词过去时、动词-ing、单复数等经常用错，作文缺乏一定的内在逻辑性。

（三）学生没有养成审题的习惯。

　　在写作文前，没有周密地去思考作文所给内容的具体要求，也没有按照要求去考虑文章的内在逻辑；而是往往不假思索就开始动笔，习惯地想到一句写

一句，导致中心句不突出，整篇文章思路混乱、上下文衔接不当、行文逻辑性不强，不能用英语思维去准确表达题目所要求的内容，汉语式的表达比比皆是。

（四）书写基本功有待于提高

学生的书写潦草，书写基本功弱，在写作时习惯性地涂改单词、句子，出现卷面不整洁等情况。

二、提高学生英语书面表达能力的教学策略

针对学生平时写作时存在的问题，从以下几个方面进行英语写作指导。

（一）夯实学生的英语基础知识

针对学生基础知识掌握不牢、语法错误层出不穷的情况，教师应从最基本的词、句入手，让学生通过积累词汇提高写作能力。词汇是写作的必备材料，也是书面表达能力提高的"瓶颈"。在写作过程中，有的学生用词过于简单、平淡，甚至出现词语搭配错误。因此，在平时的教学中，教师要教给学生记忆单词的方法，拓展词汇，让他们运用所学词汇造句，并定期对其进行单词听写测试。对于语法错误，教师要正确引导学生写出句意完整、语法正确的句子。学生写作时要注意综合运用英语基础知识，灵活运用自己熟悉的词汇和句型，尽量少用没有把握的词语、长句或语法结构，同时要注意长短句交错，尽可能做到句式多样等。为了使文章内容连贯，结构紧凑，学生可以在句子之间加上必要的连词或过渡词，如表示并列的词（or、and、also等）、表示转折的词（but、while、though等）、表示时间的词（when、before、then、after that等）、表示因果关系的词（because、so、because of等）、表示递进的词（besides、above all等）以及表示概括和总结的词（all in all、in a word等）。同时，教师要调整授课方式，用学生更容易接受、更喜欢的方式把枯燥的语法知识讲活、讲透，让他们在语篇中感悟语法知识。对学生易错、易混淆的语法点，教师要归类处理，并强化训练。需要学生识记的语法点，教师可以编成歌谣等，以便他们记忆。为了避免学生写作时出现语法错误的情况，教师可以通过语篇填空练习或者给指定小短篇改错等，让学生带着"挑剔"的眼光精读语篇，从而加深对语言难点的认知。

（二）帮助学生有逻辑性地构建文章的思维导图

在开始写作前，教师要引导学生认真阅读题目中的所有信息，包括中英文提示、图表、注意事项、写作要求等，先确定体裁。在体裁确定后，学生还要确定短文的时态和人称等。同时，教师要引导学生根据写作要求，结合所给的提示信息，列出要点，拟定写作提纲。在拟定写作提纲时，学生要按照恰当的逻辑排列构思，使文章中心突出、条理清楚。短文如需分段，一般可以按照三段式拟定提纲。一般每段4~5个句子，学生可以根据短文需要适当增加中间段的容量，同时适当减少开头段和最后段的句子的数量。当学生把写作主题确定之后，教师要留给学生时间构思，让他们先画出思维导图。思维导图是一种非常好的帮助学生整理写作思路的工具，最初的导图要包含本次作文可能涉及的所有信息，然后通过擦除和重新分配层次等办法，帮助学生去除不必要的干扰信息，整理出最能支撑本次作文主题的主体内容，然后再让学生动笔写作。教师也可以指导学生按照自己的思路独立画出思维导图，学生之间互相帮助提出建议，自己重新整理，根据思维导图并展开写作，以保证上下文的连贯性，从而避免提笔就写、写出上句没下句的尴尬局面。

（三）用英语思维准确把握句子结构

汉语思维对学生的英语学习影响很大，学生总是习惯性地先用汉语思考再进行"二次翻译"，转换成英语。由于中西方表达习惯的差异性，导致用汉语翻译的内容失去了纯正英语的"味道"，出现"中式英语"。这就需要教师在培养学生英语思维方面下功夫。英语思维方式的培养应该从模仿开始。学习语言的主要手段是模仿。英语教师的发音、电影台词、英文歌词、课本的视频文件等都是学生模仿的重要材料。"听别人怎样说，就照样跟着说。"这是学习语言的必由之路。此外，培养学生的英语思维模式应让其摆脱母语负迁移的影响，养成用英语想英语的习惯。用英语想，也可以说成用英语思考。学英语而不用英语思考，一定学不好。用英语思考就是在使用英语表达和理解时，没有母语思考的介入，或者说母语思考的介入被压缩到极不明显的程度。在教学中，教师应向学生讲授西方文化，坚持师生英语对话、全英上课，引导学生读一些简单的英文报纸、英语小说、英语美文，并让其仿写，坚持用英语写日志，从而使其打破汉语思维的禁锢，形成英语思维。

（四）培养书写技巧和能力

字如其人，好的书写就是一个人的"门面"。教师首先要有扎实的英语书写基本功。板书是学生效仿的内容。工整、规范的书写，整洁的卷面，一致、协调的词间距等都能迅速吸引眼球，也是学生提分的关键。所以，教师应要求学生尽量做到规范书写。笔者在教授初一学生时，都用四线三格教具进行规范板书，平时检查作业时，要在学生中间选出书写规范、工整的作文进行展示，级部多次组织书写比赛，激发他们规范书写的积极性。通过开展书写比赛、展评英语、书写每日一练等活动，让学生真正地写起来、练起来、重视起来。同时，对于书写不规范的学生，教师要进行当面批改，耐心辅导、指正。总之，教师要不放松每一个学生的书写，不放松书写的每一个细节，从平时的学习抓书写，进而让学生养成规范书写的良好习惯。

（五）以读促写，有的放矢地进行多方式、多形式的写作练习

《义务教育英语课程标准（2011年版）》规定，7年级学生的英语阅读量应累计达到4万词，八年级累计达到10万词，九年级累计达到15万词。这个数量需要学生通过大量的课外阅读才可能完成，这就需要英语教师想办法扩大学生英语的课外阅读量。首先，在日常课堂教学中，教师要注重创设语境，以话题为主线，融合语法词汇和功能，强化学生运用语言真实表达的能力。在初中英语写作教学中，教师需要将写作任务和生活实际结合起来，将写作任务和学生兴趣结合起来，将写作任务和学科育人结合起来，使学生在发展英语写作技能的同时，心智也得到健康发展。其次，将读和写有机结合在一起。进一步加大学生的课外阅读量，选择难度适宜、趣味性强的读物推荐给学生，培养学生的阅读兴趣。有目的、有计划地给学生布置阅读任务，帮助学生养成课外英语阅读的习惯。在语篇中接触、体验、感知原汁原味的语言，培养语感，通过大量的语言输入和积累，促进语言的输出，给学生搭建阅读后展示的平台，如开展讲英文故事、朗读英语美文等交流活动，增加学生阅读的成就感。同时针对不同年级和不同水平的初中生采取不同的写作训练，分层、分类实施，从日常的遣词造句、看图写话到专题训练，鼓励学生采取仿写、改写、缩写、评论等多种形式，激发学习兴趣，培养学生的英语思维，掌握一定的写作技巧，做到审题准确、列点全面、扩句完整、修正错误、查漏补缺，以确保语言的准确性、流

畅性和书写的规范性，在细微处、在实践中加强培养，从而提升学生的英语表达能力。

书面表达是语言输出的重要途径之一，是进行情感表达、思想交流、文化传播的重要形式，是学生必备的一种语言交际能力。写作作为中考试题的重要组成部分，提高中学生的写作能力势在必行。笔者建议，教学应注重语言积累，加强写作训练，把握命题方向，实现学用结合。

高考读后续写的应对思路探究

——以2020山东济宁高考模拟卷读后续写为例

青岛大学附属中学　梁永召

一、　高考读后续写的命题缘起和理论基础管窥

2020是山东实施新高考的第一年，就英语学科来说，命题的旨向、内容，考查的能力以及考试题型都发生了很大的变化。其中，注重对学生语言输出能力的考查是一个比较显著的变化。这种变化目前主要通过读后续写这一新题型来体现，因为这一题型能有效检测学生的阅读和写作水平，区分度较强，其理论基础为我国著名的二语习得专家王初明教授在2012年所提出的"续理论"，这一理论当时引起了国内大学外语界的广泛关注。2016年10月，浙江高考英语试卷率先采用读后续写题型，标志着读后续写应用价值在深度和广度上取得重大突破，其促进学生有效学习英语的作用被不断地证实。

王初明教授所提出的"续理论"包含两个基本理念：一是语言是通过"续"学会的；二是语言学习高效率是通过"续"来实现的。所谓"续"，是指说话者在语言交际使用中承接他人的表述，阐述自己的思想，前后关联，推动交流。据此，王初明教授提出了符合语言习得的有效途径，"互动—理解—协同—产出—习得"，他认为，学习者的理解能力总是超出其产出能力，而这种不平衡产生的拉平效应，正是提高语言水平的潜在动因。在拉平过程中，理解与产出之间互动而催生的协同效应，较弱的产出能力在与理解能力的协同中不断得到提高。

二、 高考读后续写考查的能力分析

在对读后续写的理论认知中，人们普遍认为，读后续写是产生互动协同的有效途径。"读"是阅读者创造性地与文本进行理解、互动的过程，"写"是阅读者参照性架构文本的过程，可以说是创造性模仿的过程。无论是读还是写，都是在学生与文本的互动中产生互动效应，同时，通过续写，学生将输入（前读）与产出（后写）结合，产生协同效应。

2017年教育部出台的《普通高中英语课程标准（2017年版）》（中华人民共和国教育部制定）明确指出，学科核心素养是学科育人价值的集中体现，是学生通过学科学习而逐步形成的正确价值观念、必备品格和关键能力。英语学科核心素养主要包括语言能力、文化意识、思维品质和学习能力。

读后续写在语言能力的培养方面，注重了对记叙文阅读理解能力、由读到写的思维能力和读后的书面表达能力考查；在学习能力方面，2017版英语课程标准里提到高中英语学业质量设置三个水平，其中水平二是高考命题的主要依据。这里面提到的能力和读后续写对学生的要求是一致的。同时，学生在与文本的互动和协同中，对于其中所蕴含的价值观和所传递的价值理念的潜移默化的理解与认同，以及在此过程中，以辨析、分类、概括、推断、分析等方式呈现的对逻辑性、批判性、创新性思维的培养。

三、 高考读后续写的应对思路分析（以2020高考济宁卷模拟卷为例）

如何在实际教学中将理论应用于实践，关键是创造情境让学生深度体验和解读阅读文本，创造性地建构写作文本。为此，我们引入"问题驱动"原则，在"读编写"的过程中，以问题为出发点，引导学生思考和解决问题，达到理解和解读文本的目的。下面我们结合2020济宁模拟卷读后续写，从读—编—写三个阶段，推动学生对文本的理解、解读和续写。

（一）对记叙文的阅读与理解

我们知道，读后续写的文本是以叙事为主的记叙文，通常以记叙自身或者他人发生的事情或者经历为主要内容。文章通常围绕记叙文的5个W和1个H展开，即包括什么时候（When）、谁（Who）、在哪里（Where）、做了什么事

（What）、为什么做（Why）这样的事以及结果怎么样（How）。因此，我们在读后续写的教学中，要引导学生从这几个角度设置问题，与文本产生对话，帮助学生归纳文章的主旨大意。

2020年山东济宁模拟卷的读后续写讲了一个音像店的职员——我，陪伴一个女孩的母亲挑选所喜欢的DVD而其女儿在这个过程中所表现的不耐烦，最终被我感化的故事。引导学生通过"四读"，来实现对文本的理解。

一读文本的基本信息，主要包括谁在哪里做了什么事情，归纳如下：

Reading for information：

1. who：I an elderly woman her daughter.

2. where：in a video store at the local shopping mall/cash register.

3. what：an elderly woman bought DVDs.

可以看出，文本的基本信息是我陪伴一个老年人在我所在的音响店买老人喜欢的光盘的故事，在此期间重点刻画了老人女儿的不耐烦、不愿陪伴老人的心态。

二读文本的组织结构，包括文本的写作顺序和可能隐含的"后写"的线索。

Reading for organization：the elderly woman entered the store；the elderly woman separated from her daughter to seek through the DVDS；I wanted her to walk with me；as we walked along the back of the store；we found the DVD and accompanied her to the cash register……

可以看出文本以主要人物"the elderly woman"买光盘的逻辑发展顺序和老人女儿不愿意、不耐烦、不陪伴为明线，以我对此事件的反应和感悟为暗线；可能隐含的后写线索要特别留意文本反复出现的"accompany"这个词，并通过文本来判断女儿的不愿意陪伴到我的陪伴以及我乐意陪伴的原因。

三读文本主要人物的动作和心理的描写，通过归纳每一段对人物的细节描写，引导学生关注文本的叙事风格，体会文本如何通过细节描写来烘托情感，激发学生去体验和尝试细节描写。

Reading for the plot

Para	Behaviors（action）	Feelings（psychology）
1	caught my eye，move	With deliberation，no hesitation in her gestures
2	see people outside rushing by	
3	Entered，displaying，rolling her eyes，sighing，checking her watch；guessed，drag her	impatience
4	separated from，seek through，walk over，smiled up at me，show me a title	slightest hesitation
5	ask her to walk with me，looking back	enjoy her company
6	remind me of，missed	regretful，impatience unhappy
7	walked along，introduce	glad，unrushed company，casual conversation
8	found，thanked，accompanied，tapping her foot	Unwillingly

四读文本的语言风格，记叙文的语言生动鲜明、句式灵活多样，引导学生将每一段的文本语言进行归纳，并体会其修辞用法，从而为续写的语言获取可供模仿的样本。比如：

Reading for the language

1 Although slow and unsure of her steps，the woman moved with deliberation（从容），and there was no hesitation in her gestures.

2 From inside the store，I could see the people outside rushing by.

3 The elderly woman entered the store，along with her daughter，who was displaying a serious case of impatience，rolling her eyes，sighing and checking her watch every few seconds.

4 The woman smiled up at me and showed me a title written on an old piece of paper.

5 Looking back，I thought I wanted to enjoy her company for a moment.

6 I missed my mom and still felt regretful about the moments when I'd used my

impatience to make her life unhappy.

7 Unwillingly，I accompanied her to the cash register，realizing I had to return the elderly woman to her daughter，who was still tapping her foot at the front of the store.

（二）由读到写的互动与解读

由读到写的互动与解读，就是要以第一步对文本的阅读与理解为参照性架构，以续写段落的首句为基础，设置主要人物在什么情况下、以什么样的心情、说了什么话、做了什么事以及结果如何进行描述，构筑细节，形成问题链。需要指出的是，问题链的形成对于学生续写的生成起着至关重要的作用，没有这个环节，学生的续写就失去了依托和遵循。

Paragraph 1：As the elderly woman was waiting in the queue at the cash register，I walked over to her daughter.

How did her daughter feel?

Is there a dialogue between I and her daughter?

What did I want to express to her daughter?

How did her daughter react to my words?

Paragraph 2：Together they made their way toward the store's exit.

How was her daughter's behavior?

What was my feeling when they headed for the exit?

（三）对记叙文的续写与生成

在记叙文的续写与生成方面，第一，要注意的是语言的丰富性，这里面包含词汇、句式、语法结构的丰富性，动词使用的丰富和情感描述的丰富性。第二，要注意的是语篇的连贯性，包括内容的连贯、语句的连贯、语言风格的连贯和结构的连贯。

同时，在这个环节，又包含两个思维层次：一是依托由读到写的互动与解读，形成问题链，初步写出初稿（draft）；二是对初稿进行润色和提升，提示学生使用特殊的语法结构对单句进行合并和整合，比如使用分词结构、with的复合结构、形容词短语作状语的结构；根据句与句之间的逻辑关系添加相应的连接词，表示递进关系使用further more，moreover，in addition等，表示比较关系的使用in the same way，equally，similarly，in comparison等，表示因果关系的使用because，because of，due to，owing to，thanks to等；注重主人公动作和细节的描写，使用具有描述性的和生动性的动词和形容词、副词等方式使对主要人物的描写跃然纸上。

最后，为了最大限度地促进互动与协同，我们给出了续写文段的自查清单，引导学生在完成习作后会看自己的文章，反复修改，尽力与文本拉平协同。

☆Does the writing follow the given sentences naturally?

☆Does the second paragraph follow the first logically?

☆Does the extended part convey a message or relate to a central idea already expressed or implied?

☆Have I employed specific words to make details vivid?

☆Have I used appropriate transitional words to make the paragraph coherent?

☆Are there any grammatical errors in tenses，plurals and verb forms?

析四层内容　探流程奥秘

——山东高考工业流程专题试题分析及备考建议

山东省胶州市第一中学　李营营

一、工业流程题有关化学学科核心素养的考查及试题分析

（一）试题分析

工业流程题一般分为分离提纯类和物质制备类；山东卷均以无机物为载体，把制备提纯融为一体；均为标准的工业流程图，方框内表示操作，上下箭头为加入试剂及具体要求。

（二）化学学科核心素养方面的考查

山东卷工业流程题将化学知识与技能的考查置于化工生产的实际情境中，凸显化学学科服务生产、服务人类生活、促进社会进步的核心价值功能，应用化学观念解决问题，激发学习兴趣、弘扬爱国情怀。

2021年流程题基于证据进行分析推理，预测物质及变化可能的结果，建立解决复杂问题的思维框架，还兼顾了"变化观念""平衡思想""社会责任"及"循环利用"等学科核心素养和学科思想的考查。

山东卷工业流程题以现代工业生产为基础，对化学工艺进行简化，将反应原理分析、工艺条件的选择、产物的判断、物质的循环利用、化工生产成本、环境保护等问题进行融合，考查学生综合运用所学知识分析和解决问题的能力，分析与推测能力，获取相关信息、科学推理论证能力等。

工业流程重点考查以下必备知识：化学语言与概念（基本概念、化学用语、化学计量、分散系）、物质转化与应用（典型无机物的性质、转化与应

用；系列有机物的性质、转化与应用）、反应变化与规律（化学反应与能量；电化学；化学反应方向、限度、速率；水溶液中的离子反应与平衡）、实验原理与方法（化学品安全使用标识；实验室事故的预防与处理；常用仪器的用途和使用方法；化学实验基本操作；物质的检验、分离和提纯；实验数据处理与分析）、物质结构与性质（原子结构与性质；分子结构与性质；晶体结构与性质）。2021年高考试题将电化学的考查融合在工业流程题目中，使反应变化及规律方面的分值增大，化学语言的考查相比2020年有所弱化。

二、备考启示——拆解考点、降低难度

（1）帮助学生熟悉工艺流程的一般结构。

工艺流程的一般结构如图1所示。

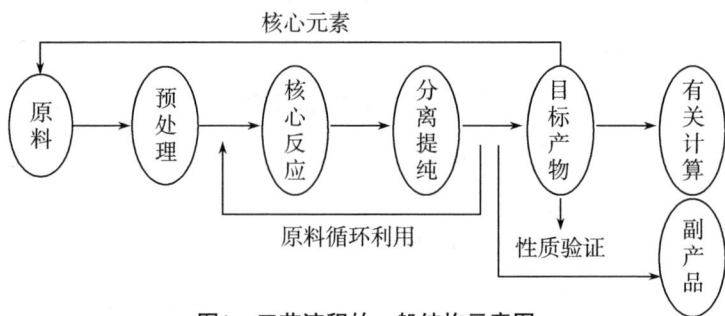

图1 工艺流程的一般结构示意图

（2）指导学生具备明确的解题思路。

① 首尾对比：对比分析原料与目标产物之间的关系，比较物质变化和主要元素化合价的变化。

② 主元素跟踪：跟踪主要物质（元素）的转化形式和转化方法，即原料→中间转化物质→目标产物。

③ 除杂分析：分析原料中的"杂质"转化除去过程，分析每一步骤的目的以及反应产物、反应过程。

④ 综合判断：根据题干信息、流程信息、题中设问信息审题、解题（读完全题再做题）。

（3）熟悉工艺流程常见的操作和名词。

① 原料的预处理——溶解、研磨、焙烧、浸取、碱洗、碳化等。

溶解：酸溶、碱溶、用水浸取、碱洗

研磨：将固体物质粉碎，增大接触面积，加快反应速率。

煅烧（焙烧、灼烧）：改变结构，使一些物质能溶解，杂质在高温下氧化分解（可以有氧气的参与）。

碱洗：除去油污或者氧化膜。

碳化：生成碳酸盐。

沉钒：生成沉淀。

②控制反应条件——控制pH、加热、趁热过滤、洗涤、煮沸等。

控制pH——控制溶液的酸碱性使某些金属离子形成氢氧化物沉淀。

加热——加快反应速率或促进平衡向某个方向移动。

趁热过滤——防止某物质降温时析出。

冰水洗涤——洗去晶体杂质离子，并减少晶体在洗涤过程中的损耗。

乙醇洗涤——降低被洗涤物质的溶解度，减少其在洗涤过程中的溶解损耗，得到较干燥的产物。

煮沸——除去溶解在溶液中的气体（如氧气）。

③掌握相对陌生操作（研磨、焙烧、碳化、沉钒等）两部曲。

"顾名思义"——从名称联想到含义如"沉钒"把钒元素沉淀、"碳化"与碳元素相关。

"思前想后"——在情境中反复思考此步发生的原因和结果。

（4）熟悉常见的分离、提纯方法——过滤、结晶、洗涤、干燥、灼烧、萃取分液、蒸馏等。

（5）扎实复习常见的元素化合物知识。

（6）开设"流程中的元素化合物"微专题。

以工业流程为载体，按类别、氧化还原性质等整合物质性质，巩固熟悉氧化物、酸碱盐、氧化剂、还原剂的反应规律，对元素化合物进行整合提升及应用；利用类比或提取信息等方法推导相对陌生物质的性质并应用。

三、微专题示例——类别观看工业流程

【回顾】（1）写出复习过的常见氧化物（Na_2O、MgO、Al_2O_3、FeO、

Fe_2O_3、CuO、SiO_2等），指出哪些常在工业流程题中出现。

（2）从性质角度进行分类（酸碱性、两性等），举例写出代表类别的反应的化学方程式。

【典例分析，2021山东】工业上以铬铁矿（$FeCr_2O_4$，含Al、Si氧化物等杂质）为主要原料制备红矾钠（$Na_2Cr_2O_7 \cdot 2H_2O$）的工艺流程如下。回答下列问题。

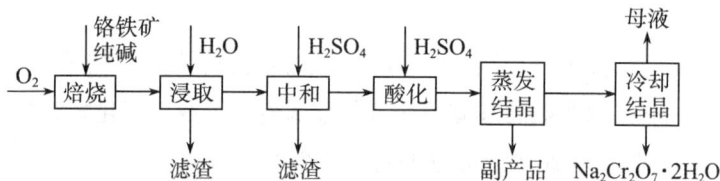

【问题思考】

（1）读流程找到涉及的氧化物，用方程式表示变化过程（$SiO_2+Na_2CO_3$、$Al_2O_3+Na_2CO_3$）

（2）$FeCr_2O_4$在焙烧操作中发生什么变化？（类比$FeO \cdot Cr_2O_3$、Fe_2O_3、Cr_2O_3）

（3）结合物质溶解性，分析水浸后滤渣是什么？

【变式1】

（1）结合2020山东模考卷1、2，找出题目中考查的氧化物，并分析其在流程中的变化，写出化学方程式（CuO、Fe_3O_4、ZnO、PbO等）。

（2）根据类别总结酸解、碱洗等操作中氧化物的变化形式。

【变式2】

（1）结合2020山东模考卷1、2，找出题目中考查的酸、碱、盐，并分析其在流程中的作用，写出化学方程式（碳酸钠、硫酸、盐酸、氨水、碳酸氢铵、氯化铵、氯化钙等）。

（2）思考焙烧、浸取、酸化、碳化、沉钒、精制中应用了酸碱盐的哪些通性？

【思维建模】

（1）类别看通性，问题简单化。

（2）信息看特性，遇题不害怕。

还可以开设《流程中方程式书写》《流程中物质循环》等微专题，为工业流程题与元素化合物的复习做好总结。

有序搭建支架　助推习作表达

平度市第二实验小学　吴海滨

写作是运用语言文字进行表达和交流的重要方式，是认识世界、认识自我、创造性表述的过程。写作能力是语文素养的综合体现。由此可见，教师在教学中要十分重视学生的习作表达，并着力通过多种形式推动学生语文素养的形成与发展。

基于此，怎样引领学生学习写作知识与表达方法呢？在自身的教学实践中，我认为搭建涵盖习作前、习作中、习作后三个阶段的习作支架（图1），为学生提供选材、构思、写作、自评、修改等多方位的支持，可以有效激活学生习作思维活力，习得语言表达技能，从而实现习作能力的螺旋式上升。

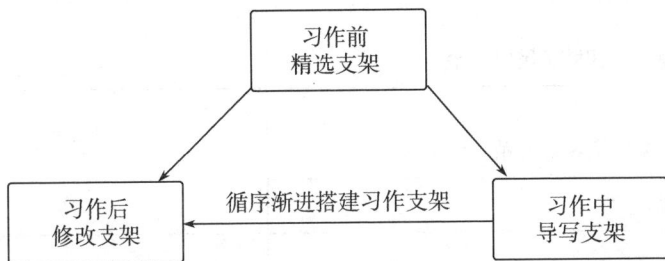

图1　循序渐进搭建习作支架

一、习作前精选支架——指向明确乐习作

写什么，是学生面临习作的一大难题。习作时，学生往往会陷入"无话可说、无事可写"的窘境中，导致无趣习作现象的发生。其实，生活处处皆作文，当学生有明晰的"写什么"的内容时，就能趣味盎然地开启习作之旅。而统编教科书每个单元前都有画面唯美的篇章页，篇章页都有简明扼要的文字，

提示学生本单元的学习目标。对于学生来说，篇章页虽然能使他们产生对本单元学什么、写什么的认知，但对于具体的习作素材的积累、言语材料的准备、习作内容的选择，他们还是一知半解。这时候，教师就需要引导学生发现、观察和选择相应的习作素材。

（一）资料单引导"搜索"，指向习作素材的补充

习作时，教师要鼓励学生写自己亲身经历的事这样才能表达真情实感。但有时候习作内容学生没有亲眼见过、亲耳听过的直接经验，这时候就需要教师指导学生采取多种策略处理间接经验，运用多种方式搜集资料，以便使学生积累更丰富的习作素材。

三年级下册第七单元习作《国宝大熊猫》，虽然教材上提供了一些资料，但这些信息是非常基础的，并不能满足习作的需要。怎么办？习作前，教师就可以设置这样一个更为丰富的资料单，指导学生运用找大人帮忙、阅读书籍、上网搜索等方法查找有关大熊猫的资料，从多个方面引导学生开展自主资料搜集，并把了解到的写下来。

表1 《国宝大熊猫》精选资料单

大熊猫的信息	具体内容
外形特点 （头、颈、躯干、四肢、尾巴、毛色……）	
生活习性 （生活环境、主要食物、繁殖、活动……）	
成为国宝的原因	
其他 （性情、分布区域、生存现状……）	

整个资料单紧紧围绕大熊猫的信息，在教材基本要求的基础上进行拓展延伸，通过填写资料单，学生在直接观察或间接观察中抓住了大熊猫的外形、生活习性等多方面特点并记录下了观察所得，为后续学生习作准备了更有价值的语言素材，同时也培养了学生有目的地观察和记录要点的习惯，有效地激发了学生的习作兴趣。

（二）词云图引导"选材"，指向习作素材的取舍

在习作中，学生往往会遭遇这样的尴尬，看似熟悉的话题变成习作内容后却不知从何写起；或者脑海中突然涌现出各种各样的信息，不知如何取舍。此时词云图的出现，通过对关键词的展示，能让学生在视觉冲击中，找回熟悉的感觉，抓住重点，在解决习作素材选择难题的同时给学生插上兴趣的翅膀。

例如五年级下册第五单元习作《形形色色的人》，要求运用本单元学过的描写人物的方法，具体地表现人物特点。在这次习作中，观察者不同，观察目的不同，观察的视角不同，需要选择的描写人物的方法也不同；即使是观察同一个伙伴，有人看到的是"冷静"，有人看到的是"敏捷"，选择的事例就不同，运用描写方法的侧重点也不同。这样的观察视角差异，致使搜集的素材也纷繁多样。这时，在写作中选取典型事例，选取具有接地气的"草根"特性的事例，就显得尤为重要。

词云图（图2）就可以通过凸显所要写的人物特点等方面有代表性的关键词，启发学生从纷繁的资料搜集中过滤掉无用的信息，帮助学生选择更有价值的习作素材，激发学生的言语动机，也为学生接下来的习作提供一定的语言积累，更有利于学生走向"语用"。

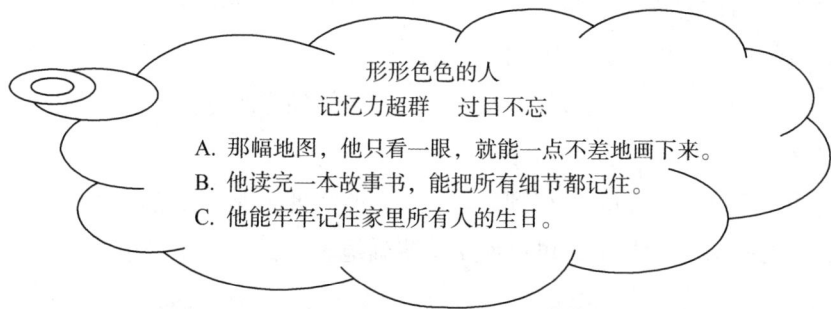

形形色色的人
记忆力超群　过目不忘
A. 那幅地图，他只看一眼，就能一点不差地画下来。
B. 他读完一本故事书，能把所有细节都记住。
C. 他能牢牢记住家里所有人的生日。

图2　《形形色色的人》关键词

二、习作中导写支架——注重方法启思路

怎么写，是习作中学生面临的又一难题。在习作指导时就需要教师为他们铺台阶、搭支架。教师平时在上课时，就要有计划地对学生进行习作方法的渗透、点拨。

（一）研"精读课文"领悟方法，指向习作性阅读

习作单元的精读课文，是指向写作的阅读素材，其主要功能是引领学生学习写作知识与表达方法。

以四年级上册第五单元为例，这一组的第一篇精读课文是《麻雀》，这个故事因猎狗与小麻雀的相遇而展开。梳理故事内容之前，先带领学生回顾按照事情发展顺序讲述故事的方法，接着引导学生迁移运用方法，在默读的基础上交流：课文围绕麻雀写了一件什么事，起因、经过、结果又是怎样的？让学生明白要把事情写清楚，可以按照事情发展的顺序写；然后再引导学生自己来发现课文是怎样把事情发展过程中的重要内容写清楚的，学习把看到的、听到的、想到的写下来。这既是教学重点，也是教学难点。可以采用自主学习与小组合作探究相结合的方式，指导学生发现作者的表达方法：写一件事，如果把看到的、听到的、想到的写下来，就能清楚展现事情发展过程中的重要内容。

第二篇精读课文是《爬天都峰》。这篇课文在结构安排上与一般记事类文章不同，没有把重点放在爬天都峰的过程上，而是侧重写了爬山路上人物的对话。在教学时，教师可以通过精读课文第二至七自然段，让学生了解作者抓住"怎么想、怎么说、怎么做"把爬山过程写清楚的方法。

教师要通过两篇精读课文的学习，及时整理和归纳两篇文章中蕴含的习作要素，总结出"把事情写清楚"的方法：

①写一件事情，要把事情的起因、经过和结果写清楚；

②写事情要按照一定的顺序写；

③把看到的、听到的、想到的写下来，能活灵活现地展现情形。

这些写作方法的凝练，可以使学生明确地感受到了习作表达的要领，对于本单元的习作训练做好了准备。

（二）思维图表提炼方法，指向习作内容的梳理

习作图表在统编教科书中作为一种有效的学习支架，经常出现在《交流平台》《词句段运用》中，帮助学生梳理知识、发散思维。在三年级上册第三单元习作《我来编童话》中，教科书也首次以图画的形式引导学生进行习作选材。在习作过程中，我们就可以搭建思维图表的习作支架，激活学生写作思维，有序进行写作思路的架构。

以第二学段的习作为例。三年级的学生刚刚接触写作，我们要求他们对一件事能够记叙完整、语言通顺、条理清晰即可。例如三年级的第一次习作《猜猜他是谁》，教师引导学生在介绍人物长相的时候，要讲清介绍的顺序，不能东一榔头西一棒槌地介绍长相，而是从一开始就给予正确的顺序指导。可是，对于三年级的学生来说，缺少一定的综合归纳和联系运用能力。此时，教师以习作图表的形式进行完整思路的呈现，就能起到事半功倍的作用。

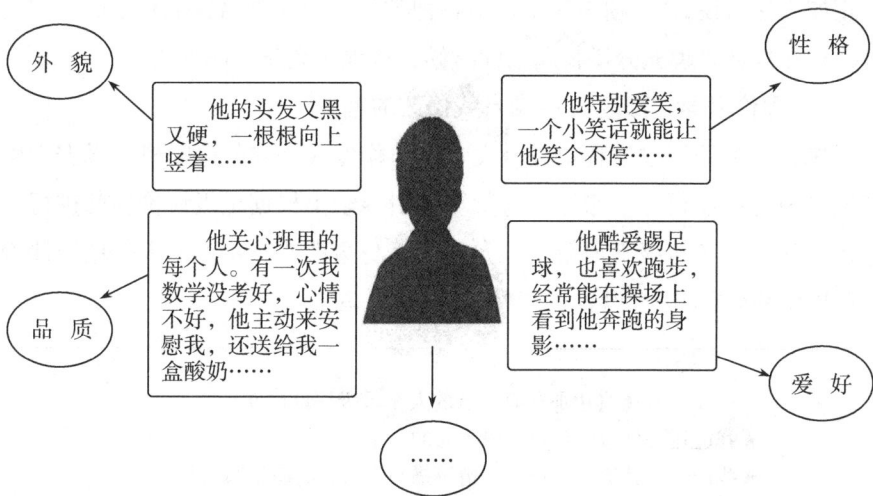

外貌
他的头发又黑又硬，一根根向上竖着……

性格
他特别爱笑，一个小笑话就能让他笑个不停……

品质
他关心班里的每个人。有一次我数学没考好，心情不好，他主动来安慰我，还送给我一盒酸奶……

爱好
他酷爱踢足球，也喜欢跑步，经常能在操场上看到他奔跑的身影……

……

图3　《猜猜他是谁》图表提示

通过这张思维图表，学生的思维焦点聚合到一起，就能形成完整的思维链条。学生不仅明晰了习作的整体框架，还明确了习作的表达顺序，一举多得。

三、习作后修改支架——互动评价促提升

好文章是改出来的。众所周知，统编教科书非常重视习作后的交流分享与自主修改习作的习惯培养。《义务教育语文课程标准（2017年版）》也明确提出要"重视对作文修改的评价"，还特别强调"要引导学生通过自改和互改，取长补短，促进相互了解和合作，共同提高写作水平"。所以，强调学生自主修改再互动共享，就要做出明确细致的要求，使学生有章可循。

（一）情境引导"分享"，指向互相交流的引发

语文作为一门综合性、实践性的学科，学习的不只是"语言"和"文字"，

而有"语言文字的运用"。因此，教学中教师要创设情境，给学生一个可以分享、表达的平台，使学生能够积极、愉快地参与其中尽情表达。

激发习作修改兴趣比教给方法更重要，在《这儿真美》习作分享阶段，可以通过创设"竞聘优秀解说员"这一情境，引导学生模拟当解说员，并投票评选最佳解说员。这样的情境创设，能唤起学生分享的欲望，使学生乐于表达，乐于修改，真正提高学生的习作水平。

正如卢梭所说，"问题不在于教他各种学问，而在于培养他有爱好学问的兴趣，而且在这种兴趣充分增长起来的时候，教他研究学问的方法"。

（二）评价引导"修改"，指向自我修改的触发

习作教学中的评改过程也是激发学生习作修改兴趣的好时机。根据学生习作情况，教师可以设计一张习作评价单，引导学生根据星级评价标准进行评价和修改。例如，三年级下册第六单元习作《身边那些有特点的人》星级评价标准就可以如图4所示进行设置。

《身边那些有特点的人》星级评价标准
★我能用一件事介绍自己熟悉人的一个特点。
★我能运用话语、动作、表情等描写方法，将事情写清楚。
★我能运用本单元课文中学到的方法将熟悉的人介绍清楚。

图4　《身边那些有特点的人》星级评价标准

星级评价标准是对本单元习作目标的分解，既让学生写的时候有法可依、有章可循，又让学生在交流分享、自主修改时有自主评价的方向。当然，来自教师在学生互动分享时的即时评价，也是引导学生如何修改习作的有效方法。通过这样的训练，不但能提升学生的语言表达能力，同时也提高了学生习作的鉴赏能力。

综上所述，习作教学既不能"任其发展"，也不能"束手缚脚"，而是应该站在学生的立场，立足统编教科书的要求，搭建习作支架，激活学生的表达需求，点燃学生的习作思维，让学生乐于书面表达，增强习作自信心。

单元核心任务，让学习变得有趣，让思考走向深度

——《语文》五下第二单元的单元整体教学设计

青岛金家岭学校　周雅梦

一、五年级下册第二单元解读

（一）明确单元内容的编排逻辑，把握古典小说的文化传承中的价值

五年级下册第二单元以"古典名著"为主题，编排了《草船借箭》《景阳冈》《猴王出世》《红楼春趣》四篇文章。本单元的"快乐读书吧"引导学生回顾读过的故事，并推荐了更多的名著故事，鼓励大家进行古典名著的整本书阅读。

古典小说与文言文相比更易懂，而且故事情节曲折生动，学生比较感兴趣，所以该单元从四大名著中改编或节选精彩内容，试图通过整组教学，带领学生走进古典名著，激发阅读古典名著的兴趣，感受中华传统文化的魅力，增强学生的文化认同感和民族自豪感，并为中学阶段的古代小说学习做好衔接铺垫。

（二）寻找单元教材内容之间的关联

本单元的语文要素是"初步学习阅读古典名著的方法"，在学会阅读古典名著的方法后，为阅读扫清障碍，激发阅读古典名著的兴趣。以"学习阅读古典名著的方法"为线索，依据阅读方法上的关联，四篇文章亦可关联。再看课本的课后习题的助学系统，发现四篇文章有三篇在强调文章的故事性，要求梳理故事内容，重视故事中的人物，所以也可以围绕故事情节和人物做文章，进行单元统整。综合以上分析，四篇文章在单元主题、单元阅读要素、故事情节和

人物形象都能发现关联，但仅仅发现关联离单元统整还有一定的距离。

（三）分析单元内容与儿童生活的关联，创设真实情境

语文之于儿童，是借助语言文字这一工具打开世界、认识世界的窗口。在教学中，教师要设计真实的情境，将语文教材和生活联系起来，促进儿童的主动学习。在对本单元统整分析中，"四大名著""阅读古典名著的方法""曲折的故事情节""鲜明的人物形象"都可以作为统整要素；但基于与儿童真实生活的联系，从儿童的生活经验出发更好地理解文本的角度，我们选择"人物形象"作为统整的主线、其他的统整要素作为支线来设计统整任务。四个故事中的人物形象鲜明：周瑜善妒、鲁肃老实、诸葛亮神机妙算、武松鲁莽且勇猛、石猴勇敢无畏颇具领导者风范。故事中的每一个人的智力值、武力值似乎都超于常人，这种人往往被我们定义为英雄。四大名著除了《红楼梦》，似乎都在讲关于英雄的故事。在教学中，教师要引导孩子们在故事中对话英雄、体会英雄的人物品质、发现生活中的英雄，在自己心中种下英雄梦，在逐梦英雄的过程中培养良好的品性，实现故事、生活和儿童关联，实现真实的学习。

二、整合单元内容，搭建任务框架

基于对单元文本内容与整体结构的认识，我们提炼出单元大概念——英雄，将学习目标定为：初步学习阅读古典名著的方法，品味古典名著的魅力；初步感受古典名著中的人物形象，培养阅读古典名著的兴趣；能够有感而发，辩证地看待英雄的形象，建立故事中的英雄与我的关联，学写读后感。

本单元在"英雄"这个大概念下进行，以"什么样的人可以称之为英雄"为核心问题，我们设计了"英雄评鉴会"的核心任务，设计"读故事，赏英雄""鉴英雄""做自己的英雄"三个子任务，选取了教材中《草船借箭》《景阳冈》《猴王出世》三个故事作为教学内容，在英雄的品鉴中完成自我认知的升级，在故事与人物的体悟中，完成读后感的习作目标。

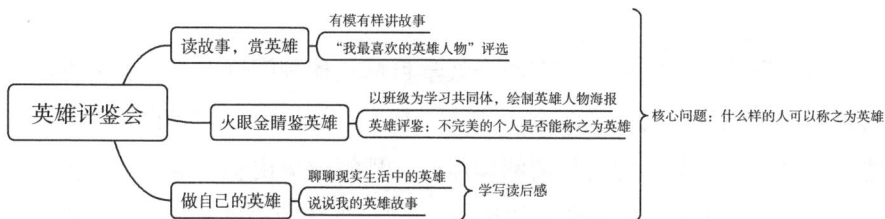

图1 "英雄评鉴会"任务示意图

三、教学设计

（一）读故事，赏英雄

1.前置任务

学生查找关于四大名著的资料，自主了解四大名著，同时预习三篇文章，按照起因、经过、结果的顺序梳理故事内容，及时记录预习过程中的问题。因为五年级学生刚接触概括，所以在梳理故事内容的时候会有一定的难度，需要教师在预习的时候提供思维导图、流程图等脚手架，让他们有章可循。

2.课程导入

教师播放四大名著电视剧主题曲，设置听歌识名著的小活动，激发学生的学习兴趣，同时播放已经制作好的PPT，简单介绍四大名著的作者、内容和成书背景。学生则可以根据查阅的资料和已有的阅读经验进行交流，让名著的氛围"热"起来；然后将目光聚焦于课本，阅读本单元的课文，交流不懂的内容，互助解决难懂的字词句，总结阅读古典名著的方法。

3.梳理故事内容，有模有样讲故事

学生交流预习内容，梳理故事情节，教师组织交流故事的主要内容，根据预习情况，点拨容易出问题的故事情节。

串联故事情节，开展讲故事活动，看看谁是最会讲故事的人。这个环节的设置既想为课堂增加趣味性，又想巩固复述故事的能力，也想适当训练概括全文的能力。

4.选一选故事中我最喜欢的人物

学生说一说每个故事中自己喜欢的人物形象，简要说明理由，尽可能多为其寻找性格标签，并在文中找到相应的证据，用笔标记出来，为人物评鉴环节

做铺垫。

本环节为课程开启环节，有两个教学目标：梳理阅读古典名著的方法和故事内容。为实现目标设计了两个小活动：有模有样讲故事和我喜欢的故事人物评选。在讲故事之前，需要扫清阅读障碍，理解故事内容，梳理故事内容，然后创造性地复述故事，增加课堂的趣味性。"我喜欢的故事人物评选"则是子任务二"鉴英雄"任务的导入，为子任务二做铺垫。

（二）火眼金睛鉴英雄

1.组内组间合作，共同绘制人物海报

根据学生的人物评选结果，教师准备三张人物海报（诸葛亮、武松和石猴）。全班分为三组，每组认领一张人物海报，组内讨论人物性格和课文中能体现性格的证据，写在海报上。讨论并记录后，各组海报顺时针轮转给下一组，继续讨论另一篇文章中的人物形象，阅读上一组的观点，在认同的观点后可标记"+1"，然后再补充本组的观点，完成后，按照规则

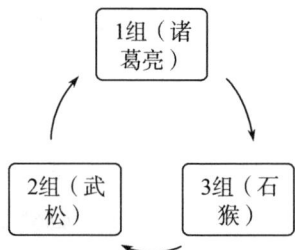

图2　海报转流交换示意图

完成最后一轮轮转。一轮结束后，每张海报都凝聚着全班的智慧。之后，可使用投影仪，共同交流大家的智慧成果，分析人物形象。学习过程人人参与，学习成果人人有份，一个学习共同体由此生成。

因为海报由三组共同完成，当海报轮转到第三组时，第三组往往无话可说无观点可写，所以教师可在海报轮转到第三组的时候，给予适当的提示，提示学生再次深挖课本，寻找更多能够支撑人物性格的细节，产生新的观点，如"寻找可能让诸葛亮功亏一篑的细节""故事的不同发展阶段，武松展现了哪些不同面的性格特征""石猴和故事中的其他猴子有何不同"。这三点从不同的角度给学生提示，引发学生的深度思考，对人物的理解更深入。

2.英雄评鉴：不完美的个人是否能称之为英雄

在全班同学的努力下，三篇文章的英雄人物的性格逐渐明晰：诸葛亮神机妙算，顾大局识大体；武松勇猛、机敏、武艺高强，但鲁莽又固执；石猴勇敢无畏、有主见、具有一定的领导能力，但略显心急，似乎每个英雄人物都具有两面性。于是，教师可以顺势提问，制造认知冲突，引导学生深度思考："周瑜

是不是一个英雄？""作者将武松塑造成机敏、勇敢、武艺高强的英雄人物，文中对他粗犷鲁莽、固执多疑、平凡普通的描写是否有损其英雄形象？""石猴的成长环境对其成为猴王有何帮助？"前两个问题在启发学生要辩证看待英雄人物，他们并不一定是完美的，他们性格的多面性使他们的个人形象更加立体、丰满、更具人性；第三个问题是在告诉学生：英雄并不是生来就是英雄，他们也要经过磨砺不断变强，最后在普通人中脱颖而出。最后，教师深化主题：所谓英雄生来也是普通人，但他们经过千锤百炼，逐渐在各自的领域变得超于常人，成为英雄。英雄不等于完美的人，普通人也可以成为英雄。

（三）做自己的英雄

1. 聊聊现实生活中英雄

组内交流，聊聊生活中你知道的英雄人物，然后班级内交流分享。学生通过交流，关联生活，加深对英雄的理解。

2. 说说我的英雄故事

教师提问并组织交流：在你过往的经历中，有没有一个瞬间，你勇敢地迈出了一小步？只有你知道，那一瞬间需要多大的能量和勇气；那一瞬间，你就是自己的英雄。

教师升华主题，启发学生联系自身，反思自己的过往，展望自己的未来，培养勇敢、无畏、坚韧、自信、有主见等品格，实现本单元的育人目标；同时，在此点拨本单元的写作目标，指出学写读后感的重要部分就是联系生活，有感而发，而不仅仅是简单地对内容的复述和摘抄。

3. 推荐阅读，完成读后感

教师在课堂的最后，抛下一连串问题："诸葛亮是否有不完美的地方？""鲁肃作为吴国的人，为什么要帮诸葛亮？""《水浒传》中排名第一位的是谁？为什么他能排第一？""美猴王修炼了哪些通天的本事？"等，通过这些问题激发大家阅读古典名著的兴趣，在书中寻找更多的英雄形象。

读后，根据课堂点播和评价量规写读后感。读后感内容可以是由课本三篇文章中英雄这个主题的感发，也可以是读完其他作品后的感发，这也是评价学生的课堂收获的重要内容。

四、评价量规

表1　评价量规一览表

评价内容	专家	能手	新秀
题目	题目自拟，符合读后感的题目格式，如《读×××有感》、《×××》读后感，也能另起题目，将所读内容作为副标题。	题目自拟，符合读后感的题目格式，如《读×××有感》、《×××》读后感。	未能达到专家和能手的级别，还需努力。
内容	1.能简单介绍文章或书的内容； 2.可以重点介绍自己印象比较深的地方； 3.能选择一两处感触比较深的地方，写出自己的感想； 4.可以联系自己的阅读经验和生活实际，如说说自己的英雄故事，感想要真实、要具体。	1.能简单介绍文章或书的内容； 2.可以重点介绍自己印象比较深的地方； 3.能选择一两处感触比较深的地方，写出自己的感想。	
文章修改	能够根据同学和老师的建议修改自己的文章，直至符合要求。	能够根据同学和老师的建议修改自己的文章，文章基本符合要求。	

五、课程总结与反思

（一）核心任务贯穿始终，让课堂变得有趣

本单元的教学设计以"英雄人物评鉴会"为核心任务，评价故事中的人物形象，发现英雄人物形象的多面性。在核心任务的引领下，课堂不再是枯燥的、乏味的，而是被真实的任务牵动，是为了解决问题而来，学生变得有事可做，像游戏中的升级打怪，一项项完成任务，学生一改之前的被动接受任务，积极地主动探究学习，课堂一下子活了起来。

（二）以学生为中心，建立学生学习共同体

在子任务二分析英雄形象中，我们采取了班级内共同绘制一张海报的方式，学习成果由全班集体参与产生。在此过程中，每个人都积极投入思考，因

为参与的小组总要提出与其他组不一样的想法，才能继续完善海报，而这种方式也激起了各组的好胜心，大家在海报绘制的过程中热情满满。教师真正把课堂交还给学生，成了课堂流程的指挥者和课堂秩序的维护者，在旁观的基础上顺势点播即可，一个充满生命力的学习共同体由此诞生。

（三）以问题驱动，让思考变得深入

在单元设计中，和核心任务并行的还有我们的核心问题——什么样的人能成为英雄？周瑜是不是英雄？英雄一定是完美的吗？普通人是否也能成为英雄？在生活中你是否有某个瞬间觉得自己也是英雄？核心问题也被几个子问题牵引着，问题层层递进，挑战认知难度，迫使学生启动高阶思维，进行深度思考。这些问题也为我们最终的育人目标的实现提供脚手架，如果你有了问题的答案，那我们的育人目标也将实现。

当然，在课堂进行过程中，借助学部内教师的力量，我也发现了自己教学的不足。在课堂中，我做了太多的课堂预设，影响了学生的上课体验。例如，在学生梳理完故事内容后，我也呈现了自己的标准答案，学生分析完人物形象后我又再次出示了自己的想法。在这种情况下，原本属于学生的课堂生成最后又变成了教师的标准答案，学生难免有挫败感。所以，以后的课堂教学中，教师做到心中有数即可，把课堂中的一切都可交给学生。

思维导图和智慧教学在复习课中的融合与应用

青岛市崂山区实验初级中学　刘法德

【前言】

随着双减政策的落地，道德与法治学科教学依托智慧教学云平台，在新授课和作业设置等各方面积极实施智慧教学，与此同时我对复习课中思维导图的构建也进行了尝试。

【学科背景】

背景一：道德与法治学科一直非常重视学科综合能力的提升和学生核心素养的培养。复习课思维导图的构建是培养学生能力、整合学科知识、提升核心素养的一个有效途径。在我们现有的课时和条件下，因学生水平的差异和学科课时的限制，让学生在课堂上自行建构思维导图，让学生高质量地参与并达到预期目的是很难实现的。

背景二：智慧教学云平台在我区的广泛使用，给我们道德与法治学科思维导图的随堂构建及学生综合能力的再次提升带来了曙光。

【教学思路】

思路一：先用一节课来尝试单一内容，如一个单元的思维导图构建，同时完成当节课的复习任务。预期效果：全体学生都能高效参与并能高质量地当堂建构思维导图，在完成复习课任务要求的同时练讲结合，并有针对性地布置个性化作业。预计思维导图构建时间为10分钟。

思路二：用一节课的时间，分组当堂建构不同单元的思维导图，同时完成当节课的复习任务。预期效果：各组学生都能高效参与并能高质量地当堂建构本组单元思维导图，在完成复习课任务要求的同时练讲结合，并有针对性地布置个性化作业。预计思维导图构建时间为10分钟。

思路三：用一节课的时间，分组当堂建构整合多单元的思维导图，同时完成当节课的复习任务。预期效果：大多数学生都能高效参与并能高质量地当堂建构本组整合的思维导图，在完成复习课任务要求的同时练讲结合，并有针对性地布置个性化作业。预计思维导图构建时间为10分钟。

【教学准备】

智慧教学平台。

【实践过程】

上述三个思路的每个思路都按如下过程实施，灵活调整。

表1　双减政策下复习课新模式的实践与探讨

实施过程	教师活动	学生活动	设计意图
课前准备	提前布置学生准备知识树或者思维导图，并将各班思维导图加到课件中。随堂根据授课班级的不同，挑选本班同学的思维导图实时投屏放大进行针对性的点拨	【教学云平台拍照展示】提前完成思维导图，随机挑选学生发言	通过学生课前自己的复习巩固，课堂对比老师展示和随机发言同学的思维导图发现优点、暴露问题
思维碰撞	教师巡视各组情况，在点拨、鼓励的同时做好下一环节准备工作：随堂打印练习	学生活动：组内重画思维导图（知识树）【教学云平台投屏】学生分组交流，针对优点和暴露的问题重新设计本组思维导图，并请一组学生在黑板上直接写、画	设计意图：学生再一遍复习巩固，结合组内成员特长，知识查漏补缺。在此环节提高学生的参与能力和随堂展示能力
我们来分享	教师活动：对学生适时进行评价、点拨鼓励	学生活动：除了黑板上写画的一组学生外，另找下边一组学生介绍设计思路【大白纸彩笔写和画】。学生在黑板前讲本组思维导图，展讲过程为组内推荐代表或全员参与，具体由组内协商决定	设计意图：学生课前第三遍复习巩固，展示优点、暴露问题

实施过程	教师活动	学生活动	设计意图
【典例引导】 巩固提升 及批改	每生下发刚打印的随堂练习【由每班的CIO进行智慧平台打印操作】，限时完成； 教师利用上一环节中的学生组内沟通交流的时间打印练习题，在本环节下发	学生活动：根据复习内容设计【卷一】选择题题和【卷二】案例分析题。 学生随堂完成【卷一】答题。 【倒计时5分钟】	设计意图：充分利用科技手段现学现练，对答题方法和答题能力进行锻炼
当堂反馈	（学生答题完毕）设备扫描结果，根据学生答题情况进行分析，共性问题集中反馈，个别问题单独解决沟通并布置【靶向作业】	学生活动：根据问题，交流问题查漏补缺（先小组交流解决，后全班解决共性问题）【由错题产生各自不同的靶向作业和变式训练习题】	当堂反馈【智慧云平台批阅和试卷分析功能】
作业	针对各自练习情况回顾并完成各自的靶向作业	学生活动：完成各自的靶向作业	设计意图：通过一节课的环节预设，有针对性地对学生知识掌握进行查漏补缺

【结论】

通过在不同班级、不同轮次对三个思路的尝试实践发现，在智慧课堂的引领下，当堂进行的让全体学生参与思维导图的构建是可行的。同时，全体学生都能高效参与并能高质量的当堂建构思维导图也是同样可以实现的，在知识构建前和构建后对知识的巩固和练习环节提升了效率，且利用智慧云平台可以当堂批阅并布置靶向作业，实现作业分层、个性化指导，确保在提高复习质量的前提下合理控制作业时间，切实减轻学生的课业负担。

请为学生写作修好四"条"渠

青岛西海岸新区育才初级中学　刘士祥

现在的作文教学，普遍存在着"双怕"现象：学生怕写作文，主要是无话可说，无情可表；老师怕批作文，一番"披沙拣金"下来，两眼昏花！

苦也！苦也！

怎样让学生在写作中会说真话，能抒真情？

茫然中，想到朱熹先生的诗："问渠那得清如许，为有源头活水来。"我的思维徐徐展开——何不为学生修几条"渠"，引几股"活水"来呢？

渠一：在课文中"学"

鲁迅说："凡是已有定评的大作家，他的作品，全部就说明着应该怎样写。"其实，教材中那一篇篇文质兼美、情真意切的课文本身就是极好的写作资源库，我们不妨为学生修一条洋溢"大家"风范的思想渠，同时教会学生怎样说话和抒情。

例如，牛汉写的《我的第一本书》中关于乔元贞后来命运的一段叙述："听说乔元贞现在还活着，他一辈子挎着篮子在附近几个村子里叫卖纸烟、花生、火柴等小东西。"很简单的一笔，作者却将一个童年时期被父亲称作"比自己有出息"的朋友，因为家庭贫穷而没能读书的命运揭示出来，字里行间渗透着作者深深的同情和无奈。

这教会了我们——只要叙述能突出中心，反映人物的感情，语言即使是朴实无华，却也动人。

又如，《藤野先生》中对藤野先生外貌的描写——"进来的是一个黑瘦的先生，八字须，戴着眼镜，挟着一叠大大小小的书"，只一句话，就将一个学者的形象展现在读者面前。还有《我的母亲》一文中，当"我"说了轻薄的话，母亲责罚了"我"之后说："你没了老子，是多么得意的事！好用来说嘴！"文中又写道："她气得发抖。"一处语言描写和一处动作描写，将寡母对儿子的生气描写得淋漓尽致。

读文章，最感动人的地方往往就是一些细节描写。像这样的情意深沉、描写细腻的文章，教材中还有很多。在教学中，教师只要善于引导，读写结合，就能有效促进学生的写作。

渠二：在生活中"悟"

生活就像一条大河，时而宁静无波，时而汹涌澎湃。生活中有说不完的悲欢离合，诉不尽的潮起潮落。耳之所闻，目之所见，手之所触，鼻之所嗅，都可感之于心。有的学生之所以无从下笔，言之无物，只不过是不去"情动于中"，不会"发之于外"罢了。不观察、不感悟，这是许多孩子写不好作文的重要原因。

所以我们要帮助学生导通第二条渠——感悟之渠。

一花一世界，一叶一天堂。蓝天的广阔、大海的深沉、橙黄橘绿、麦浪翻滚、大雁南飞、蝉鸣阵阵……如果对这些生活中常见的景物和现象，没有仔细的观察和会心的感悟，就会失去灵魂，正如红花红着自己的红，绿叶绿着自己的绿。倘人人如此，泰戈尔也就不会有"果实的事业是尊贵的，花的事业是甜美的；但是让我做叶的事业吧，它总是谦逊地、专心地垂着绿荫"这样的至理名言了。

从常见的景物、事情入手，慢慢地引导学生擦亮眼睛，去寻找美、欣赏美，是我们的使命；让学生心中更有爱，笔下更有情，是我们的责任！

只要循序渐进、持之以恒，相信学生会一天天进步，学会从母亲"天冷了，多穿件衣服"的叮咛中体会浓浓的母爱；从家乡的小河中感受时光如流水的意义，甚至从老人的逝去中学会珍惜身边的亲情……

渠三：在形式上"放"

一般来说，我们的作文教学大多是先给学生一个题目或范围，然后展开写作。这样做，固然更有针对性，能集中指导某些写作的技巧，但也禁锢了学生的写作自由，难免会扼杀部分学生写作的积极性。

鉴于此，我们再修一条渠——自由之渠。

作文能力的形成，仅靠有限的几节作文课显然不行。按照新课改的原则精神，可以将能力训练拓展到课外，以课堂作文教学为"轴心"，统摄课外练笔活动，创造课外主动写作、在无顾忌无拘束中写作的环境和氛围。

让学生"以我手写我心"，把自己每天的所见所闻所悟诉诸笔端，一两段可以，三四段也行，原创可可，摘抄也不错。总之，谁的"地盘"谁做主。

这样，阅读因素、仿写因素、积淀因素都带了进来。学生边写边"充电"，辅之以老师对学生自主练笔材料的不定期指导和阶段性反馈，从而保证学生写作的可持续性发展。

因为没有命题的限制，教师又不多嘴多舌，不用每次都评分加压力，在学生的文章或语段里常常可以看到许多发自内心的真话、真情，且不乏亮点。

古有圣人垂拱而天下治，我辈何不学之？

渠四：在评价中 "赏"

这次远程研修活动，让我写好每一篇作业的最大动力是什么？是全省各地同行和班级指导教师在评论中给予的肯定、赞扬和鼓励！

人是社会性的动物，得到别人的肯定和尊重是每个人内心深处最大的渴望。教师尚且如此，何况学生？

回想自己给学生的作文评语："思路不够条理！""语言不够丰富！""选材不太恰当！""跑题了！"这无异于一支支匕首，将学生的心刺得遍体鳞伤。学生写作的信心和兴趣还能剩多少？

忠言不必逆耳，良药未必苦口。既然"山重水尽已无路"，何不让赏识的小溪滋润孩子那已近干涸的心田？

思路一变，柳暗花明。原本感觉毫无是处的作文，此时也总能找出一两个隐隐若现的亮点。内容不好？选材尚有新意，表扬！语言乏味？思路比较清楚，肯定！文句不通？书写还算认真，鼓励！

这种看似极端的"攻其一点，不及其余"的做法，却如同一颗颗糖衣炮弹，在学生的心海里掀起阵阵波澜。学生学习创作的原动力——"兴趣"就这样被激活开来!……

于是乎，再次拿起学生的作文：读也不厌，批也不厌；身也舒坦，心也舒坦!

四"渠"已成，文章也到了尾声。我似乎看到，那潺潺的活水正缓缓注入学生的"半亩方塘"，上有天光云影，下有清澈如许……

班级管理策略

班主任工作：累并快乐着

教育部《关于进一步加强中小学班主任工作的意见》文件指出"中小学班主任是中小学教师队伍的重要组成部分，是班级工作的组织者、班集体建设的指导者、中小学生健康成长的引领者，是中小学思想道德教育的骨干，是沟通家长和社区的桥梁，是实施素质教育的重要力量。"

班主任工作是学校育人工作中重要一环。班级管理既是一门科学也是一门艺术。班主任需要与几十个孩子打交道，了解他们的脾性，安抚他们的心灵，做好与家长的沟通，帮助他们走出困境……网上有一个段子，调侃当下班主任的标准应该修改为："上得了课堂，跑得了操场，批得了作业，写得了文章，开得好班会，访得了家长，劝得了情种，管得住上网，解得了忧伤，破得了迷惘，hold（掌控）得住多动，控得住轻狂，受得了奇葩，护得住低智商，查得了案件，打得过嚣张……"这段调侃虽有夸张，但确实反映了当下班主任的生活现实：累并快乐着。班主任在平凡的岗位上兢兢业业、教书育人、无私奉献，做了大量教育和管理工作，他们以真挚的爱心和科学的方法教育、引导、帮助学生成长进步。

主人翁意识与班级精细化管理

青岛实验初级中学　周　萍

管理好一个班级，应当追求精细化管理。精细化管理，就是人人会管理、处处有管理、事事见管理，通过落实管理责任，变一人操心为大家操心。而这种人人参与、人人管理恰恰激发了学生的主人翁意识，这将更有利于帮助班级精细化管理落到实处。

班级精细化管理包括行为习惯管理、学习习惯管理，还包括思想、情感管理。我在班级管理工作中不断摸索，尝试了不同的方法，其中有几种效果不错，在这介绍其中的两种。

一、习惯养成篇——我是小组一分子，组里有我更光彩

班级精细化管理利于培养学生养成良好的行为习惯。好的习惯不是一朝一夕能形成的。班主任做大量深入细致的工作，"抓在细微处，落在实效中"。班主任工作只有细致入微，班级工作才能落到实处。学生通过长期的细致管理，好的行为内化为潜在的意识，成为一种自然的良好习惯，从而达到每个学生对班级的自我管理。这样的集体，才能成为一个良好的班集体，才能学风浓、班风正。

我班班委根据学生的日常表现制定出《班级公约》，量化了每一项表现的得分和减分标准。4人小组为单位，量化评比。每个学生因为深知自己的表现影响组内积分，都积极给小组挣分；偶尔表现不好被扣分了，都想从别的方面帮小组把分挣回来。人人都将自己与小组密切联系，把自己当作小组不可缺少的一分子，增强了主人翁意识。人人都希望组里因为有"我"更光彩，这样便使得班级量化管理更能顺利实施，而且效果显著。具体做法如下。

（一）小组排位原则

全班分成12个小组，每组根据学习、纪律定位为1，2，3，4号成员身份每半学期调整一次。其中，1号与3号同位，2号与4号同位。因为同位之间水平差距不大，对于数学试题讲解容易理解。同位互帮，一对一，随时有问题随时解决，这为性格内向有问题不好意思问老师的学生提供了方便，而讲解的学生在讲解的过程中又一次理顺了解题思路，记忆会更深刻。

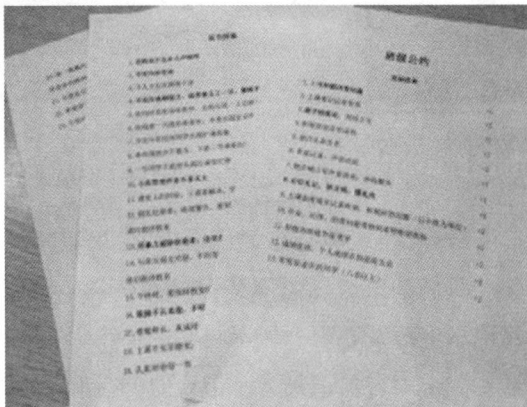

（二）责任明确

小组中1号为组长，1号管理、帮助3号，2号管理、帮助4号，1，2号互相监督互相帮助。这样，不论是学习还是纪律，4人小组中的成员每人身边都有提醒自己、帮助自己的人。

（三）量化结果定期公布、奖励

根据《班级公约》每天放学前进行量化结果总结，课代表、学委公布班级总的作业、纪律、课堂发言、文明礼貌、活动出勤等各方面的班级表现优、劣学生的加分、减分情况。各小组长自己计算组内得分情况，并记录在评比栏内公示。每天总结，每月表彰。每位学生都强烈感受到"我是小组一分子，组里有我更光彩"！真可谓一荣俱荣，一损俱损。

二、情感培养篇——班级日志我做主，班级管理我参与

班集体的有效管理，须增强学生的主人翁意识，使其形成主人翁自豪感。我通常会在班级各种习惯基本形成后，在班级中实施《班级日志》记录活动，班里每名学生轮流记录班级日志。可谓"班级日志我做主，班级管理我参与"！人人参与、人人管理既培养了学生们的主人翁责任感、荣誉感，又锻炼了他们的工作能力，从而加强班集体的凝聚力、向心力。

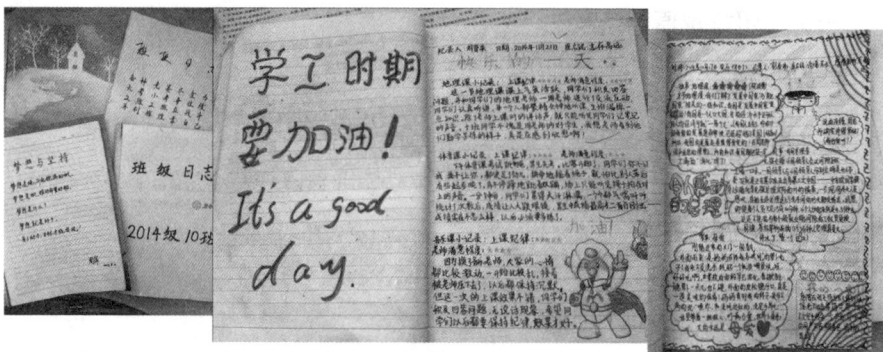

图1 《班级日志》（1）

（一）《班级日志》记录内容

我们的班级日志不是记录那些学生没完成作业、哪些学生表现不好，而是每位学生抒发心声、展示自我的"小舞台"。内容分为固定内容和特色内容。

固定内容：记录人、记录时间、我的座右铭、班级趣闻。

特色内容：班级好人好事、班级存在的问题建议、世界新闻、历史上的今天、小笑话、特长展示等。学生根据自己的喜好选择，可记录了自己眼中的特别的事、难忘的事及对全班同学的要求与期望。

《班级日志》记录形式：要求图文并茂，形式要求凸显个性、不拘一格。

图2 《班级日志》（2）

《班级日志》记录效果：

《日志》记录了班里面的点滴小事，除了可以珍藏学生们的成长印记外，还起到了好多意想不到的效果：

（1）学生有了说话的地方。

很多学生平时没有机会表达，特别是非班委学生。他们有的很有想法苦于无法表达，有的内向腼腆，不好意思和别人交流。通过记录《班级日志》，他们把自己心中的想法记录下来，供同学们和老师观看，大家进一步了解他们真实的想法，大家的心贴得更近了。

（2）学生有了展示自己的舞台。

学生各具特色，在这一张自己做主的记录纸上，为了使自己与众不同，凸显个性，他们绞尽脑汁；有的绘画、有的写诗、有的贴图，真是各路神仙大显神通。

（3）师生之间有了属于我们的小秘密。

《班级日志》中我知道了他们的外号谁叫"猴子"、谁是"大耳朵图图"，谁是"二师兄"，谁是"蔺相如"……我再也不用因为听不懂他们的暗语而发愁了；当然，也知道了老师的不经意间的评价给他们怎样的鼓励，知道了他们的小小梦想与烦恼，理解了他们的逆反与无奈。我们不再是师生，更像是亲人与朋友，《班级日志》为我们师生之间进一步了解架起了桥梁。

（4）同伴的评价更容易被接受。

在《班级日志》中，学生指出学生中存在的问题，他们调侃的语气既轻松诙谐，让人有台阶下台，又明白了自己的做法不被人认可需要改正，比教师直接批评效果要好。

精细化是一种理念，是一种认真的态度，一种精益求精的文化。而我们在班级管理中，通过活动设置让激发他们的主人翁意识，每个学生将自己视为班级的小主人。班级工作各负其责、生活中互相提醒监督、学习中互相比拼，大家共同提高，班级共同进步。这样，加快了班级的整体发展，提高了教育教学质量，全班学生都更加关心集体、热爱集体与班级荣辱与共，班级管理越来越顺畅、有效！

"违纪"灵感带来的"晋级"激励机制

——让每个孩子成为最好的自己

青岛市崂山区育才学校　谭　玲

一、由来:"违纪"带来的灵感

初一新生入学了,校园里到处洋溢着他们的笑声和叽叽喳喳的打闹声。怎样才能让他们尽快适应紧张又忙碌的初中生活呢?课堂上,课前准备不好,学习注意力不集中,随便说话搞小动作,回答问题不积极,让我很头疼,我也做了大量的工作,但收效甚微。开学的第一天,我就给学生讲了好习惯在人的一生中的作用,要求学生"让优秀成为一种习惯"。当时学生听得热血沸腾、跃跃欲试,可不一会儿就忘干净了。学生都有上进心,做错事情也很难过,就是不容易克制自己。用什么方法时刻提醒一下呢?学生最感兴趣的东西是什么?我一直在思考。

一次课堂上,我发现一个同学有点心不在焉、频频走神。课下,我找他谈话,他吞吞吐吐地说自己玩的游戏就快"晋级"了,所以脑子中总想着这件事停不下来。说起游戏,这个同学脸上洋溢着满足的成就感。看到他这个样子,我真有点哭笑不得。

对于学生玩的网络游戏我也略知一二:它们采用等级制来吸引玩家,"晋级"都有相应的积分奖励,在这些奖励的诱惑下,各年龄层次的人都对它乐此不疲。这个学生上课都念念不忘"晋级",也就不难理解了。唉,如果学生能把"晋级"的动力和兴趣用到学习上,那该多好啊!突然,我脑中灵光一闪,想起小组合作学习方式。对于中学生来说,简单的奖分已经没有多大的吸引力了，如果运用小组合作"晋级"激励机制，也采用升级的方式，会不会有出其不意的效果呢？是不是能让小组所有成员都参与进来调高学生们的学习劲头？于是，我决定尝试一下这种新的模式。

二、行动：小组"晋级"机制初建

好创意的确让人心动，具体实施起来我才发现还是有相当的难度。毕竟课堂上不能像玩游戏那样的，达到一定的经验值就晋级。课堂上用什么方式晋级呢？每一级的名称该叫什么才能激发学生的晋级兴趣？这些问题难住了我，经过一番冥思苦想，也没想出什么好方法。也算是急中生智吧，我突然想到，既然是学生在课堂上要进行的"游戏"，那么游戏规则就应该让全体学生来制定，干吗我一个人折腾？如果把这个难题交给学生，发挥集体的力量来解决，实施起来岂不更有说服力？

于是，我告诉学生以后在课堂上可以像玩游戏一样学习，也可以"晋级"了。大家一听，都愣住了：在课堂上可以正大光明地通过积分升级？！学生都瞪大了眼睛看着我，根本不相信。当我说到"游戏"是指在课堂的表现，包括日常课前准备、课堂回答问题、作业完成质量等，经过大家的努力得到的分数奖励后，就可"晋级"，不过"晋级"要靠全组的努力才能实现的时候，学生也被我的奇思妙想打动了。

经过大家讨论，困扰我多日的烦恼迎刃而解，我们决定进行学习小组划分，进行规则设定，然后确定游戏级别。游戏规则设定如下。

（一）确定积分的范围

从课前预习到课堂上自主学习、合作探究、知识的形成、达标测试，家庭作业等，每一个环节都根据学生个人表现和小组集体的表现进行积分。再就是卫生打扫是否及时、日常行为是否得体、对学校分配的工作完成的情况，所有这些都分3分、2分、1分三个等级。总之，全班学生都在为自己的进步和班级的荣誉而战。

（二）划分学习小组

每个学习小组共有4名成员，A成员～D成员的学业成绩呈下降趋势。A是组长，学习成绩最好，负责组织学习活动；D成员学习成绩一般，由A成员帮助他解决学习难题；B，C是班中成绩较好的学生。课堂上，根据知识的层次，基础知识和基本技能练习主要考查D类学生，熟练应用基础知识主要考查C类学生，灵活运用基础知识解决实际中的问题主要考查B类学生，知识的拓展与延伸主要考查A类学生。不管哪一类学生回答对了得1分，对一些难度较大的问题，有创新性的发现，叙述条理，表达清楚完整，根据表现的精彩程度再适当加分。这样，可以有效培养学生的阅读能力、分析能力、表达能力，创新思维能力，提高学生的学习兴趣。

（三）建立游戏平台

每个小组在一张纸上画一棵大树，名字就叫"智慧树"，也可以由各组自由命名。每棵树有四条树枝，代表四个同学。这张纸就是属于本组的"一亩三分地"。

（四）确定游戏级别

学生给每一级取的名字也别出心裁，按照级别的高低分别是"初出茅庐""小试牛刀""小有名气""名动一方""天下闻名""天外有天"，听着就让人心动不已。

（五）具体操作方式

当学生个人积分每达到10分，便可在树枝上画一片无色树叶；当组员画够4片、全组画满16片树叶，全组晋级为第一级"初出茅庐"。当学生个人积分每达到20分时，便可将自己的一片树叶涂成绿色；当所有的树叶都变成绿色时，则升为第二级"小试牛刀"。当学生个人积分每达30分，可在自己的枝条上绘制一朵无色花朵。当组员画够三朵、全组画满12朵时，全组再次晋级为第三级"小有名气"。组员积分每达40分时，可将一朵花涂色，当全组的12朵花都涂上颜色，即可升为第四级"名动一方"。组员积分达50分，即可在自己的枝条上绘制一个果实，当全组画满12个果实，就可升到最高级"天下闻名"。组员积分达60分，说明果实熟了。当全组12个果实都熟了的时候，就可以采摘了，全组可升到最高级"天外有天"。

另外，当学期结束的时候，从14个小组评选一个果子最多的小组，取名为"功成名就"。由于每个人的积分不尽相同，我们便约定每周汇总一次各小组所得积分，周末统一填涂智慧树。

三、实践：小创意激活大课堂

经过一段时间的实践，效果出乎意料得好，大部分小组升级到"小有名气"，有两个小组进入"名动一方"。升级的背后是学生高涨的学习热情和浓厚的学习兴趣，课堂上的气氛极其活跃，学生在课堂上讨论积极，思维敏捷，都急于发表自己的见解。看看学生的小手臂高高举过头顶争先恐后回答问题的时候，我就特别有成就感，课堂真成了大家喜欢的"开心课堂"。

在这样的学习氛围下，学生不仅仅掌握了知识，更提高了能力。首先，在自主学习方面有了质的飞跃，学生能根据自学提纲进行学习，基础知识掌握率高达到90%以上。其次，学生基本掌握了合作探究的方法：在组长的带领下，成员们都积极地参与，讨论得非常投入，尤其是C，D同学不再是静默的旁听生，时不时也发表自己的见解。讨论完毕交流时，B同学的语言组织得有条有理。在整个学习过程中，学生学得很开心，真正由"要我学"变成了"我要学"。

由此看来，要想让学生积极参与到课堂教学中来并不难，有时候一个小小的创意就能激活大课堂。只要我们做一个有心人，动动脑筋，花点心思，将学习营造成一个获得快乐的过程，就一定能让课堂成为学生盼望的课堂，让每一节课都快乐无比，让每个孩子成为最好的自己。

四、对晋级式激励机制评价的反思

通过实践，小组"晋级式"激励机制的评价方式基本上达到了有效评价的目的，激发了学生参与合作和自主学习的兴趣，能够引导学生更加主动地思考学习，让课堂更加优质、高效、轻负。

但是，在实施过程中还发现以下问题。

（一）学生差异客观存在。

在合作过程中虽然有成熟的机制，也有定期的角色互换，但优秀学生参与的机会还是较多。长此以往，"强者恒强，弱者恒弱"的马太效应还是难以避免。

（二）小组量化如何深层处理

小组评价合理有效，但是部分学困生对自己的落后现象抱有听之任之的态度，对小组荣辱也不理不睬，导致个别学生组长均不愿接纳，从而失去互帮互助的意义。

在后期的实践中，我将建议学生自主自愿选择组成"筷子组合"，引导学生强弱搭配、结成对子、互相扶助，以达成共同进步的目标；同时，加强对学困生的关心和关注，不仅仅是学业上，还包括生活及心理方面，及时对他们进行心理疏导，帮助他们尽快融入小组活动中去，并有意让他们承担负责某些小组活动任务，帮助他们重建自信心和责任感，让每个孩子都成为最好的自己。

孩子，相信你不会让老师失望

青岛市崂山区特殊教育学校　赵卫娜

小杰上学期的表现让老师和家长都很失望。很多人认为这个孩子已经无可救药。但是，俗话说"浪子回头金不换"作为教育工作者，我们应该尊重每一个生命，不放弃每一个生命，哪怕是有缺陷的生命。对于有缺陷的生命，如果我们不及时挽救，最终他们很可能会走向犯罪的深渊。为避免悲剧的发生，我们应该全力以赴挽救他们，转化他们；否则，我们终生都会有遗憾。

一、全面了解，对症下药

再过几天就要开学了，这学期我担任九年级的班主任。不少老师告诉我这个班男孩多，难管理。曾经的班长小杰上学期表现极差，在学校和班级的影响很坏，差一点转学走了。学校领导也说要管理好这个班必须下一番苦功夫。

我曾教过这个班的语文课。这班孩子聪明但调皮贪玩，个性强，需要老师好好引导，耐心教育。小杰聪明、热心，非常重感情，而且有领导组织能力；虽然有他一些缺点，但总的说是个不错的孩子。那么，他现在怎么会变成这样呢？

二十多年的班主任工作经验告诉我，这个班比较散乱，缺乏凝聚力的主要原因就在影响力较大的小杰身上。所谓"擒贼先擒王"，只要把小杰转化好，这个班的整体面貌一定会有很大的改善。此时，我把突破口锁定在小杰身上。要转化这个孩子说难也难，说容易也容易。因为他聪明、重感情，只要对症下药，晓之以理，动之以情，让他心服口服，就会取得很好的效果；但如果教育方法不当，令其产生对立情绪，便会事倍功半。因此，在学生到校之前，我便对小杰上学期的表现做了全面、细致的了解，制定出了详细的转化对策。

二 、 耐心谈话真诚鼓励

学生到校第一天，小杰和他爸爸早早来到学校。从他爸爸的神情和言语中我觉察到他很烦恼，孩子在假期中的情绪和表现很不好，把孩子放在学校很不放心。我告诉他："小杰很聪明，他有一些缺点，但也有很多优点。只要老师和家长用正确的方法引导和教育，小杰一定会成为一个优秀的学生。我有信心让他在很短的时间内发生较大的转变。"他的爸爸不停地点头，脸上的愁云也渐渐地散去。最后，他的爸爸高高兴兴地离开了学校。

小杰一见到我，马上高兴地问好，看见我要坐下，赶紧拿出纸把椅子擦干净。这一小小的举动让我心中涌起一股暖流，多么有礼貌的孩子呀！接下来我让他坐在我的对面，我们兴致勃勃地聊起几年前我们一起度过的美好时光。我告诉他，他一直是我心目中最聪明、最重感情的学生。我了解他有许多优点，还有一些缺点。我很了解上学期他的表现，但我感觉那不是真实的他。过去的一切我不会追究，我相信这学期的小杰一定会有很大转变；同时，希望他能在各方面对自己严格要求，做同学们的好榜样，做老师的好帮手。最后，我鼓励他，做人要有志气，要尽快改变自己，让学校的领导和老师们看看小杰不是一个坏孩子，而是一名可以为全校学生做表率的优秀学生。或许是我的话语震撼了他，谈话的时间很长，但小杰一直默默地认真地听着，不时地点点头说："赵老师，我明白了，您放心吧！"看着他那双诚恳的眼睛，我笑着拍了拍他的肩膀，轻轻舒了一口气。在我给了他自信的同时，他也给了我信心，相信这个孩子一定不会令我失望。

三、"信其道"与"亲其师"

接下来的日子里，我一直特别关注小杰。开学第一节语文课学习《桂林山水》，为了让他们更准确地理解课文内容，课堂上我出示了精心准备的课件。我鼓励孩子们自主探究、合作学习，孩子们学得兴趣盎然。下课后，小杰兴奋地对我说："赵老师，你太棒了，同学们都喜欢你的语文课，我真佩服你。长大后，我有了钱，一定带你去游览桂林山水。"听着他由衷的赞美，我很欣慰。这个聪明的孩子真是长大了。以后在我的课堂上，小杰的表现总是那么积极，那么出色。每次他犯了错，我批评他，他都能欣然接受，写出深刻的反思。古训说："亲其师，信其道。"我认为，二者是互为因果关系，"信其道"才能更加"亲其师"。

四、演讲比赛重拾自信

教师节快到了，学校准备在教师节前一天举行学生演讲比赛，要求每班选一名学生参加。我班的小贺和小杰朗诵得都不错。考虑再三，我决定让小杰参加。因为小杰上学期的表现极差，老师们对他很失望。但我感到，虽然前一段时间小杰受到的批评很多也很严重，但一向重感情的他对老师们的感情还是挺深的。这次比赛既可以让他深深感受到老师们工作的辛苦，也可以让他借此机会表达对老师们的爱。拿定主意后，我立即找小杰谈话，我跟他说明让他参加这次演讲比赛的原因，并用我们的班训鼓励他：自信+努力=成功，相信他一定会为自己争一口气，为班级增彩，给赵老师争光。小杰高兴地接受了这个光荣而艰巨的任务。

对于这次演讲比赛，我格外重视。因为对我们班来说，这次演讲比赛的成功有着特殊而重大的意义。它既可以让整个班级找回自信，也是对小杰进行教育转化的一次契机。演讲稿写好后，我们师生俩马上进入了紧张的准备阶段。我逐字逐句地进行指导，包括发音、语气和动作。当他独自朗读完第一遍，我不太满意，对他说："小杰，老师为了你们辛苦工作，无私付出。你应该用你的心去读，把你对老师真诚的谢意读出来。"小杰点点头说："赵老师，我懂了。"他认真琢磨了一会儿，便投入地读了起来。读着读着，我看到小杰的眼里充满了泪花。我不由得一阵感动：他真的读懂了。这个孩子的感情是多么丰富、多么细腻啊！我静静地看着他读完，轻轻地走到他身旁兴奋地说："小杰，你读得太棒了！"他先是一愣，接着不好意思地用双手擦着眼泪，激动地说："如果我是老师，听了演讲一定会很感动。""是啊！如果演讲稿中所说的都是你的心里话，那么老师们一定会激动万分，赵老师更会感动得流泪。"他又懂事地点着头说："赵老师，你放心吧，我会努力的，我一定不会让你失望！"

演讲比赛时，在我鼓励与信任的目光中小杰走上台。他先向老师们深深鞠了一躬，然后开始了演讲。此时的他一改平时的毛毛躁躁、自以为是，是那么谦虚、那么稳重，字字句句包含着对老师的爱和诚挚的谢意。从他的演讲中，老师们深深感受到了他对老师的那份爱，也感受到了他的转变。听着他精彩的演讲，我既欣慰又激动。那清晰的发音、充沛的感情，多像一个健全孩子！我不由得心头涌起一股酸涩，聪明的他如果是一个没有残障的孩子该有多好呀！那么人间是不是又少了一份遗憾呢？

周一的班会课上，我们的教室里响起一阵热烈的掌声——小杰的演讲获得全校唯一的一等奖。这个一等奖是那么让人欢欣鼓舞，因为它不仅代表着小杰的转变，也代表着我们班的转变。我语重心长地赞叹道："小杰，演讲时你是那么稳重、那么谦虚。这正是老师最希望看到的你。在此，老师把'稳重、谦虚'这四个字送给你，希望你尽快改掉浮躁、容易骄傲的毛病，做一个稳重、谦虚的男子汉。"听了我的话，小杰不好意思地笑了笑，说："赵老师，我会努力的。"这个孩子真是太聪明、太可爱了，相信他一定不会让我失望！

五、暴风雨后无限惊喜

昨天夜里，一场暴风雨袭击岛城。第二天早晨坐在开往学校的公交车上，我的脑海中不断浮现出这样的画面：校园中到处枝折花落，满目狼藉。

一进学校大门，那条通往小校园的路竟然干干净净的。只见小杰和我们班的两名同学正抱着树枝和树叶往垃圾堆走，一个个干得热火朝天。我想：这一带不是我们班的卫生区，肯定又是学校临时分配给我班的任务，这些孩子真爱劳动。

十几分钟后，我来到教室，看到满头大汗的小杰正在气喘吁吁地擦汗。我不由一阵心疼，关切地问："是学校安排你们打扫的吗？" 小杰说："不是，是我自己去干的。"我一愣，问道："你为什么这样做？"他说："我想让老师们一到校就看到干净的环境，有一个好的心情。"我不由一阵欣喜，真是个懂事的好孩子，他的话语虽然简单但流露着对老师无限的爱。看来我的苦心真的没有白费。我激动地拍着他的肩膀说："小杰，你这么懂事，老师真是太高兴了，看来老师真的可以放心了！"

人都是有感情的。当学生通过观察、体验，从内心深处感到老师是真心关心他时，是不会无动于衷的。一方面，他们会把自己的爱回报给老师，从感情上缩短师生的距离；另一方面，师爱又成为学生接受教育的桥梁。学生越能感受到老师的爱，就越加信任老师。学生就会愉快地接受老师的教育，自觉地改进、完善自我。

功夫不负有心人。现在，一个崭新的小杰展现在大家面前。我很欣慰。期末我在他的操行评语中写下了这样的话：孩子，这学期最令赵老师高兴的事就是你的转变！你果然没让老师失望！

家长参与高中生生涯规划协同指导的实践思考

山东省青岛第十五中学　张晓梅

　　处于心理独立和生涯探索期的高中生在6选3等重大的生涯决策面前，遇到一些困惑，需要家长参与、协同指导。在实践中，家长要转变观念，提升专业指导能力，尊重孩子，引领孩子，做孩子背后强有力的支持者。

　　高一某位学生在"说说我的心里话"中写道："我现在想好好学生物，考一个师范学校，未来当一个初中生物老师，现在生物基本稳在班里前十，不知道能不能实现我这个愿望。不知道小三科选什么，到底是二文一理还是二理一文。其中一门理一定是生物，另两门也不知道什么，到底是历史、地理，还是化学、地理，或者是历史、化学，前途一片迷茫。以前想当个生物学家，研究微生物，现在感觉好难。毕业不好就业，妈妈给我列举了她身边学化学、生物的，最后找不到工作，我怕我也这样。学了最喜欢却就不了业，感觉身边的人都给未来制定了一个明确的目标，而我似乎没有任何梦想和目标……"

　　很显然，高一的很多学生都面临着幸福的烦恼——6选3选科这样一个重大的选择，在新高考带来的众多变化面前，面对突如其来的20种组合的选择，学生存在一些茫然、矛盾、纠结。从字里行间也可以看出父母在孩子选科这样涉及未来大的规划中给予了一些自己的意见，但是两代人因为认知上有差异性而产生了一些分歧。在近期的学生咨询中也印证了这一点，学生和家长为选科和未来的专业选择等发生了一些争执。那么，作为家长，如何和学校一起协同育人，在生涯规划指导方面合力助力学生发展呢？

　　首先，明晰家长协同生涯规划指导的角色，学生是主体，家长是配合，双方协同。

　　高一学生在调查问卷调查的11题"在确定选科组合这件事上，你最想听听谁的意见？"中的数据如图1所示。

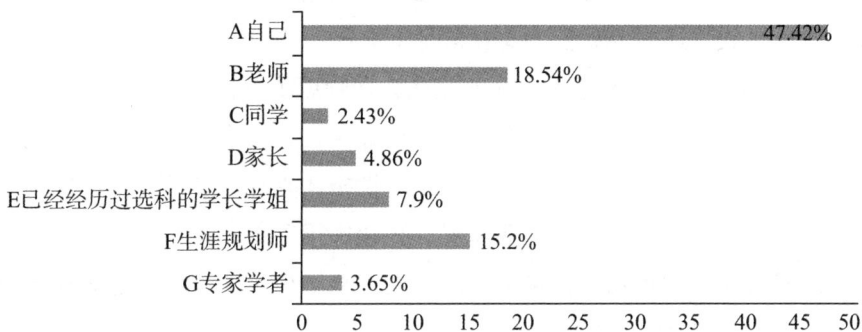

图1　问卷调查数据分析

　　由图1可以看出，调查问卷11题"在确定选科组合这件事上，你最想听听谁的意见？"数据统计占主要地位的是"自己"，其次是"老师""生涯规划师"，家长占的比例更少。从这个角度可以看出，学生更想遵从自己内心的声音，在未来的专业选择和人生道路上为自己做主。这也是学生心理上成长起来走向成熟和稳定的必然，是生涯探索期的重要体现。所以，家长在这个时候要多听听孩子的意见，真正从内心尊重孩子的想法，和孩子一起讨论他的未来，而不是逼迫孩子听从自己的意见。这是孩子和家长的意见不一致的时候尤其要注意的。

　　其次，打破家长固有的专业认知和职业认知，树立发展的职业价值观。与部分学生和家长交流，很多家长给予孩子的意见还是原来固有的一些刻板印象。比如，女孩子还是上师范当老师或者学医当医生比较稳妥，将来考公务员也很不错；学法学当律师就挺好。家长普遍认为好工作就是"收入高、福利好、稳定"，思想比较传统。这些是当时那个年代的一些职业观，但是社会发展日新月异，新的职业、新的岗位、新的社会要求都意味着现在跟过去有很多的变化，当年的学子和新时代的学生又有着很大的差异。2019年，人力资源和社会保障部、市场监管总局、统计局正式向社会发布了数字化管理师、人工智能工程技术人员、物联网工程技术人员等13个新职业，在数字化经济大趋势下，很多职业发挥越来越重要的作用。所以，家长要不断突破自我设限，进行专业成长，跟上时代发展和孩子成长的步伐，而一味用之前的经验捆绑孩子，容易适得其反。要相信，职业的发展空间很多时候在于从事的人的素养和能力，每一个职业都有成长的机会。

再次，提升家长生涯规划指导专业能力。当然，我们不可否认孩子想要自己做主，想要成长还需要我们的支持。他们之所以更倾向于听取问卷中提到的老师、"生涯规划师"等的意见，无非是认为老师更了解自己的情况、生涯规划师是专业老师，两者都可以给出专业意见。那么，各位家长，要想更有效地指导孩子，就要从这两方面入手，了解孩子（性格、兴趣、学习能力、成绩等）和专业指导要求（选考要求、职业发展，科学决策等）；说简单一些，就是做功课，做好功课，做足功课，拿出专业态度跟孩子讨论。我想，这时孩子更愿意静下心来，和您交流他的未来。

最后，做孩子最强有力的支持者。有的家长说，我做功课了，我也很诚恳地和孩子谈过我对这件事的看法，可是孩子还是坚持自己的意见，不想更改。这种情况下，家长不知道该如何处理。我想无非这几种情况：家长和孩子争执，不欢而散，孩子还是坚持了自己的意见，亲子关系紧张；孩子放弃自己的意见，听了家长的意见，之后在学习上和未来专业职业成长道路上可能会存在"这是我爸、妈让我选的"之类的想法；孩子坚持自己的意见，后期在学习中发现自己当时的选择确实不那么明智，有一些后悔。不管是哪种情况，首先，家长要确认自己在给孩子指导时确实是一种更专业的而不是老旧经验式的指导。其次，就是当两者意见真的没有办法达成一致时要尊重孩子的意愿，看到孩子的独立，允许孩子试错，虽然有些决定可能试错的代价比较大。这时候我们要做的就是站在孩子身后，给他强大的力量支持；告诉他，没关系，人生很长，还有机会，站起来再来。

对学生进行生涯规划指导，家长要基于实际，着眼于未来，以发展的眼光，以平等尊重的态度，以专业的精神与其对话，给予意见，共同探讨，配合辅助，做好决策。

我的18级2班

青岛旅游学校　孟海涛

　　这是一个优秀的班集体，它拥有正气的班风，它拥有浓郁的学风，它拥有团结的意志。这个优秀的班集体，由来自不同地方的44个不同"元素"组成，他们有着不同的个性，有着不同的表现方式，但他们拥有一致的目标——安静、干净、团结、统一。他们不断追求，成就卓越的高中生涯，营造出了一个日益进取、不断超越自我的班集体。

　　18级2班是青岛市第三届普职融通，在我校学习旅游服务与管理专业，44个同学来自不同地方，彼此间的性格习惯差异特别大。他们是在中考中失利的一批孩子。第一次接手这样的班级，对我来说还是比较有挑战性的。我做的第一件事情是从学校要到了这批孩子的中考信息，熟记每一名孩子的姓名和样子，从而开始了我的18级2班的建设，开始了飞一般的青春的故事。

一、起步建设阶段

　　学生来自不同的地区，有着非常大的差异，如行为习惯、言谈举止、与其他同学相处的方式、生活的状态等。大部分学生是第一次离开家到别的地方上学，出现了许多不适应的情况。如何让这些孩子尽快熟识起来融入这个大班集体中？这要求班主任要在第一时间构建好班级集体的氛围。为此，我进行了以下尝试。

（一）把握军训契机

　　新生入学教育和军训安排了详尽、充实的内容，精彩纷呈的开营式、激动人心的闭营式都给学生留下了最美好的瞬间记忆。

　　礼仪讲座和培训始终贯穿学生的军训和日常中，这是改变学生以前状态的最直接方式，让学生从行为举止到言谈都发生了明显的变化。

国防知识讲座给同学传递国防知识的同时，增强他们的爱国意识和情感。心肺复苏培训传授给学生重要的安全知识，增添了安全技能和意识。校规校纪的学习让学生知晓相关规章制度，为做合格甚至优秀学生培养良好的纪律意识和规则意识。另外，学校还组织了广播体操的学习，观看礼仪视频、观赏国庆阅兵影片以及仪容仪表指导等活动。

连续一周的军训是很累、很辛苦的，我的脚严重扭伤，仍然陪着学生进行训练，开学后大半年时间才有所康复。这在一定程度上也感染着学生，他们毕业后时常提及军训时的情景，仿佛一切都是历历在目。

一系列丰富的军训科目和精心安排的教育活动，快速地改善了学生入校的状态，为后面的班级建设开了一个好头。

（二）初步培养班集体意识

我们所在教室，44名学生正好充满了整个空间。幸亏在见到所有学生前，我先邀请了家离学校比较近的三位同学，提前打扫并布置了教室，为班级的建设做好了第一手准备。由于男女比例相当，我做了一种尝试，进行男生女生同桌，甚至后期自由选座时也要求男女同桌，这样给学生带来了新奇的体验，开启了有班级特色的建设。

一切教育都是源自用心的设计，班级内集体就餐、第一次见面的自我介绍、坐姿站姿训练、第一次证件照拍摄……我用像素不是很高的手机尽情记录下每一个值得记忆的瞬间，再及时上传到腾讯空间永久保存，为学生回忆自己的高中生活提供足够多的素材，也是对班级成长前进的最好支持。

经过这一阶段的相处和班级建设，18级2班开始走上了一个优秀学生聚集、优秀事迹频出的、有自己特色的路子。

二、特色开展阶段

班级建设，需要积极组织开展各种有益身心健康的文体活动、科技活动、社会实践活动、关爱活动等，这有益于学风建设和素质教育活动的开展、创建优良的班级文化、增进同学间的感情。我还通过组织各项比赛、团活动、知识竞赛、主题班会等各种科学、生动的活动，促进学生的思想政治素质和人文素养发展。各种活动尽量做到富有知识性和趣味性，做到人人参与、人人收获。我适时组织有助于思想政治觉悟提升、爱国热情和团队精神培养的活动以及感恩教育活动等，并对各种活动的计划、组织和总结记录存档，作为班级文化建设的见证。

（一）特色评价

班级开展评选"学习标兵""文明礼仪标兵""周之星""月之星""学期之星"活动，以及个人之间、小组之间的"学习竞争"活动，班级的班风学风朝着积极正向的方向发展。定期开展足球比赛，小组积分累计。全班分成9个足球小组，集学习、活动于一体，形成班级内的良好团队。学生的仪容仪表、行为规范得到很好的落实，把对学生的要求融入活动中，形成你追我赶的良性竞争局面。教育离不开家长的积极参与，在班级内进行优秀学生和家长分享经验及表彰优秀家长的活动，把班级的教育工作做到极致，形成了一个温馨的班级大家庭——学生喜欢、家长放心的大集体。

（二）特色演讲

一个班级的灵魂离不开对国家的热爱和奉献。我在班级里做了第一个红色故事的演讲，同学们深受感动，撰写学习感受并发表微信稿。由我拉开红色故事演讲的序幕，每个学生都进行了相关主题的故事演讲，我们一起感受共产党人的革命精神和为民谋利的光荣使命。与此同时，班级还进行了国家精神宣讲活动，讲述我国科学家、大国工匠的故事，宣扬他们刻苦钻研、追求卓越、为祖国无私奉献的高尚精神。组织学生参观学习革命纪念馆，瞻仰革命圣地，奔赴敬老院以实际行动爱老敬老，体验奉献带来的正向人生快乐。

（三）特色班会

在班级建设中，我始终贯彻以学生为主体的教育理念，定期开展主题班会，涉及安全、卫生、学习、心理、爱国、奋斗、奉献等多个方面，力求做到全方位育人。

一定要让学生成为班会的主体。只有他们全情投入，才能有深刻的体验，才能受到"震动"，收到教育效果。他们自行设计、积极参与各种活动，并且不断地进行评点和总结，活动一期比一期办得好。才能的提升促使学生关心集体、热爱班级、互相帮助、共同进步。带倾向性的问题的解决，要由教师引导、把握。为了使主题活动起到切实可行的教育效果，班主任应在活动前对组织人员进行适当的培训，以便使活动始终朝着主题的目标方向开展。例如开学初，我组织了"我们是一家人"主题班会，通过学生的自我介绍、畅谈理想追求、确立奋斗目标，消除由于远离家人和环境陌生产生的孤独感，增进同学之间的了解，为以后建设优秀的班集体奠定良好的基础。

（四）班级特色

为贯彻落实教育局健康工程建设要求，结合学校和班级学生特点以及我作为班主任所有的优势，我和学生决定一起建设一个优秀的班集体——足球特色班。我们一起做了大量的准备工作，设计了切实可行的方案，落实好班级前进的每一步。

我们建立了班级的微信公众号——飞一般的青春，向着共同的奋斗目标前进，并记录和见证这个优秀班级的成长变化。学生每生人一个足球，平时积极训练，定时检验成果；学生分成9个小组，以足球来带动全盘活动，形成优质团体；学生奔赴海大、青大进行集体训练，凸显班级活动特色；学生拍照记录假期足球锻炼，巩固建设成果。学生根据自己的能力设置适宜目标，自觉通过足球运动改善心理状态，建立良好的人际关系，养成积极乐观的生活态度，运用适宜的方法调节自己情绪，获得坚强的意志品质、吃苦耐劳和团队合作精神，体验足球的乐趣和成功的感觉，表现出良好的体育道德和合作精神。经过一个学期，学生的身体素质明显增强、精神面貌积极昂扬，我们班在校运动会及省、市比赛中取得优异成绩。

三、成果结晶阶段

通过一系列精心设计的活动，班级朝着正确的方向发展，形成了优异的团队，更涌现出一批优秀的学生个人，下面是这个班级的部分成果展示。

（一）集体荣誉（部分）

校卫生示范班；

校图书借阅明星班；

校篮球赛季军、校足球赛冠军；

校运动会团体第一名；

校健美操比赛第一名；

校优秀班级、优秀团支部；

青岛市跳绳比赛第一名；

山东省健美操比赛特等奖、一等奖；

青岛市优秀班集体。

（二）个人荣誉（部分）

刘靖：全国礼仪大赛一等奖；

苏航：山东省职业院校技能大赛一等奖、全国职业院校技能大赛改革试点赛一等奖；

林贵朵：青岛市优秀学生；

高丽：青岛市技能大赛一等奖。

四、高三生涯阶段

我这个班是普职融通，是为春季高考来定位的，而且这是最后一次春季高考，从下一届开始就是职教高考。我和班里的学生将所有的活动都做到了极致。三年的时光中，前两年学生充分享受了最快乐的高中生活，丰富充实阳光，真正实现了班级和学生的"安静、干净、团结、统一"目标。对学生来讲，高三这一年的奋斗生涯将是更刻骨铭记的。从暑假开始，我和学生就开始了有步骤的复习了。

和所有备战高考的师生一样，不需要太多动员，每一名学生都知道自己的目标，有着明确的学习动力。他们知道是一场伟大的战斗。万事开头难。前两年的学习生活节奏快速过渡到高考的节奏，还是存在一些障碍的，所以，我就一如既往地做学生们的领头人、示范者。我每天早晨第一时间赶到班里，约定时间进行数学培训。中午第一时间看他们午休。高考复习确实是很辛苦、很累的，学生和任课教师都是如此，所以午休就特别重要；下午约定五点半继续进行数学的学习培训，同时连接着晚自习。由于数学的特殊性，一般晚上进行考试，我会当晚批出成绩进行点评订正。言传身教的直接作用是学生迅速改变了状态，投入高考备战；尤其是10月份在我重病期间，我仍然陪伴他们，更是激励了他们的斗志。

中间还有许多的故事，充满了汗水、泪水和精彩，在此不再展开。最终的高考成绩是对学生付出的最好回报。我们这个专业参加高考人数较往年增加1000余人，本科分数线较去年高了20分。在这种情况下，我们班学生取得了十分优异的成绩：36人参加高考，林贵朵获最高697分，全省第一；全班平均617.2分，创学校纪录；9名学生达省位次前50，填报志愿后都被本科院校录取。

这一届学生激发了我的一些创新思路。作为班主任和数学教师，我在班级管理和教育教学工作中采取的科学策略和实践都落到实处，取得了成效，成为学生取得可喜成绩的保障。教育是个连续不断的过程。我在给学生的寄语中写道：我们在不停地攀登人生高峰，我愿陪伴你们继续攀登后面的高山峻岭，见证你们的精彩！

教育一直在路上！

班级管理小组合作的重要性

青岛市崂山区第四中学　王志峰

在学校里，进行教育、教学的最基本的单位是班级。传统的班级管理中，主体是教师，一个好的班级关键看班主任。随着时代的发展，传统的班级管理理念、管理形式和管理方法已经不能满足现代教育的需要。因而，我们作为一线班主任老师要与时俱进，为学生营造一种民主的、和谐的、合作的班级氛围，让学生成为班级管理的主体，使学生之间构建起尊重、合作、关爱和信任为基石的人际关系，全面促进学生的发展。下面我从以下四方面阐述我的观点。

一、建立合作小组

我担任班主任工作十余年来，发现越来越多的班级意识到了小组合作的重要性，并且有不少班级采用这种班级管理模式。没有调查就没有发言权。下面我用调查表的形式，阐述如何建立合作小组。

表1　学生期望的小组规模调查表

	2～3人	4～5人	6～7人	7人以上
2015年调查结果	4%	66%	18%	12%
2018年调查结果	6%	72%	15%	7%
2021年调查结果	5%	70%	14%	11%

得出结论：选择4～5人建立小组占了多数。

表2　学生期望的同桌类型调查表

	学习好的	水平相当的	学习差的	无所谓
2015年调查结果	45%	48%	4%	3%
2018年调查结果	42%	50%	3%	5%
2021年调查结果	47%	42%	6%	5%

得出结论：选择学习好的、水平相当的同学组建小组，占了多数。

表3　学生对于异性组员接受程度调查表

	非常乐意	乐意	无所谓	不乐意
2015年调查结果	9%	12%	76%	3%
2018年调查结果	7%	15%	76%	2%
2021年调查结果	8%	14%	75%	3%

得出结论：态度无所谓的学生，占了多数。

表4　学生对小组座位摆放形式的调查表

	田字形	马蹄形	T字形	无所谓
2015年调查结果	46%	18%	12%	24%
2018年调查结果	52%	21%	10%	17%
2021年调查结果	50%	20%	14%	16%

得出结论：选择田字形的，占了多数。

表5 小组长产生方式的调查表

	老师指定	同学推荐	学生自荐	轮流担任
2015年调查结果	82%	6%	7%	5%
2018年调查结果	78%	8%	8%	6%
2021年调查结果	80%	7%	8%	5%

得出结论：选择老师指定的，占了多数。

表6 小组名称产生方式的调查表

	组长姓名	小组讨论	简单数字	无所谓
2015年调查结果	32%	38%	28%	2%
2018年调查结果	40%	34%	24%	2%
2021年调查结果	32%	35%	30%	3%

得出结论：选择组长姓名、小组讨论、简单数字的，人数基本上差不多。

二、建立小组合作自主管理评价体系

评价在小组合作中起着至关重要的作用。评价的根本目的是让每一名学生认识到，只有小组成功了，自己才能成功。及时的、公正的评价，往往能够激发学生合作的积极性，从而提高班级管理的质量。

（一）学生是评价的主体

教育应该体现以学生为主的，实现自我价值，在班级管理中学生更具有主体性。因此，在一个班级中，不是单纯使学生服从，而是学会自我约束、自我管理。传统的班级评价，大多是由班主任一人对班级进行评价，班主任更多的是对学生进行说教，制定名目繁多的班级管理制度，甚至个别的还会出现体罚学生的现象。

在一个班级中，当学生主动参与管理，他们和班主任一样有意识地管理班级，这时学生将具有主动地位。现在的学生越来越多地希望参与班级的管理，希望与班主任建立一种相互尊重的、平等友好的朋友关系。因此，为了体现以学生为主体的现代教育理念，班主任老师应放手让学生自主进行班级管理。

（二）小组合作评价多元化

合作小组组建以后，管理和评价必须及时跟上，否则就会流于形式；当学生出现自由散漫、低效混乱的情绪蔓延，将会很难收场。我对小组的评价方式有小组长评价、值日班长评价、班干部评价、任课老师评价和班主任评价等。

第一层：小组长的评价。

每个小组的小组长对本小组进行全面的管理，从学习习惯、行为习惯以及思想教育，组长要对小组全面负责。课堂举手发言、作业的质量、红领巾的佩戴、书桌摆放整齐等情况，每天利用早会进行反馈。

第二层次：值日班长的评价。

值日的班长是由各小组推选长担任，对班级的日常事务进行管理，并且参与对各小组的考核评价。根据各小组长反馈的记录，早会时同样进行情况反馈，评选出优秀小组。

第三层：班干部评价。

班干部为主要负责人，从整体上进行管理，对各小组的学习情况、纪律等情况进行一周的总结，并且形成书面材料，在周一班会课上进行详细的反馈，组织各小组组长讨论班级存在的问题，并给班主任提出积极的、合理的建议。

第四层：班主任老师及各任课老师的评价。

班主任老师是一个班级的主心骨，班主任老师的班级管理理念、管理热情直接影响着班级的发展。班主任老师要善于激发班干部工作的热情，全力支持班干部的工作，公平公正地评价各小组，一周一总结，一月一表彰。班主任还应协调好各任课老师，做班级任课老师和学生的润滑剂，经常到班级听课，及时发现并解决问题；经常和任课老师沟通班级情况，掌握个别后进生的课堂表现和作业情况。

（三）评价的标准要合理

对于小组合作的评价，要突破传统的班级管理模式。传统班级管理模式只把学习作为唯一的考核标准，而忽略了学生的创新能力以及价值观的形成。

下面我展示以下我的班级评价标准：

班级常规考核：迟到、早退、自习、三操、纪律、卫生等。

（1）班干部考核：班干部包括班委、小组长、课代表等，明确他们之间地位平等，班级事务分工合作。三条线不交叉，是并行的关系。一条线是班级常规管理线，一条线是全体同学的学习促进线，一条线是小组运行线。这三条线各负其责、及时评价，但是，所有的评价归结到优秀小组的评比。

（2）班级事务考核：黑板报、手抄报、运动会、艺术节等等，各小组可以申请，能够成功完成任务的给小组加分，在提高小组积极性的同时加强了小组的团队精神。

（3）家校合作考核：组建班级伊始，把所有的家长按照小组进行编组，以备在节假日或周末对学生学习进行指导、对作业进行督促并帮助各种活动的开展、对各小组的量化考核。

（4）突发事件考核：学生生病的处理、意外的反馈、家庭突发事件的应急、安全工作的落实等。

（5）家庭作业的考核：作业是学习成绩的保障，高质量的作业能够帮助学生巩固好课堂知识，有着非常重要的意义。对作业分为A^+加3分，A加2分，A^-加1分，C扣一分，D扣2分，用分数量化考核各小组。

（6）课后表现考核：课间主动问老师问题加1分，好人好事加1分，帮助同学加1分。

俗话说万事开头难。为了更好地形成小组合作的班级管理模式，需要对考核进行细化，同时让学生主动参与量化考核方案的制定，达成共识，最后确定考核方案，而量化考核的形成过程本身就是一种合作解决班级问题的过程。

三、处理好合作小组的竞争关系

合作是在竞争中进行合作，竞争是在合作中进行竞争。合作与竞争是矛盾的对立面，相互共存又缺一不可。良性的竞争关系，能使班级生机勃勃，通过竞争激发学生的积极进取的精神；但是也要注意避免恶性竞争问题的出现。那么，如何避免恶性竞争呢？

首先，班主任老师要提前做好学生的思想工作，让学生明白，每个人既代表个人也代表小组，每个人的表现决定着小组的荣辱。

其次，在合作中竞争的过程中，班主任老师要及时进行有效调控，并且要做到公平、公正，有问题做到及时解决。

四、做好小组合作的奖惩

班级在对小组合作评价时，应该做出科学的、合理的奖惩。科学合理的奖惩，对小组合作有着极大的促进作用；奖惩不合理，会严重挫伤小组成员的积极性，进而使小组合作流于形式。

（一）奖惩措施要多样性

作为班主任老师，口头表扬要予以重视。表扬时，我们要对学生的个性、心理、知识水平灵活地进行口头评价。除了口头评价，可以通过小组加分，量化各小组评价，根据分数发奖状、发奖品、增加课外活动时间等，切忌用零食来表彰正在处于长身体时期的学生。

（二）奖惩措施要适时、巧妙

在对小组进行评价时，首先要公平、公正，对出现的严重问题的解决必须及时有效，使相关学生必须认识到自己给小组带来的影响。需要强调的是，惩罚措施不是传统观念中的简单粗暴的体罚，而是严格按照教师法的规定去惩戒。

（三）奖惩措施注意事项

（1）奖惩必须做到公平、公正、民主、平等。

（2）奖惩要做到以小组为单位进行奖惩，这样小组更像一个团队。

（3）奖罚要分明。

①以表扬为主，多加分，多看优点。

②人人有事做，事事有人管。

③管理为主，情感为辅。

④奖励要照顾到方方面面，如运动会、艺术节、手抄报等。

⑤初一重点在常规，初二重点在活动，初三重点在学习。

⑥各任课老师可以积极参与评价。

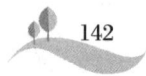

通过我近十年以来对班级管理中小组合作的调查研究，得出如下结论：

（1）小组合作能够促进班级的整体成绩，同时能激发学生学习的积极性和自信心。

（2）小组合作能够减少师生之间、生生之间的矛盾，增强班级凝聚力。

（3）小组合作能够增强学生的合作意识，使班级管理更加民主化。

（4）小组合作能够增强学生自我管理能力，使班级实现自我管理。

总之，班级管理小组合作模式以实施与研究还在路上，我会继续用我的热情和汗水去探索，为自己热爱的教育事业继续奋斗！

教育，从正视学生的情绪开始

青岛市崂山区东韩小学　　江亚运

　　在充满生机和活泼稚气的校园里，有一类让教师和学生想到就头疼的人，而他们也是极容易被教育忽视的人，这类人就是我们通常所谓的"差生"。只要有排名、有竞争，学校就总也免不了会有学生被贴上"差生"的标签。作为教师，应该怎样"拯救"这些"差生"呢？

　　刚休完产假回来的我就接到了"重任"——二年级二班班主任。工作数年，这是我第一次接班主任，忐忑、焦虑、压力等等一些负面情绪都跑到了我的身上，内心的惶恐可想而知。

　　接班的第一件事就是摸清班级和孩子们的"底细"。通过和学生、老师的交流让我得知班里有"八大金刚"。这几个孩子为什么称他们是"八大金刚"呢？原因有二：一是学习成绩跟不上，总是拖班级的后腿儿；二是行为习惯差，纪律差。正是这主要的两点让他们如同"过街老鼠"一般。而且，这八个人有个共同点就是贪玩儿。每次提到他们时，老师们总会不禁皱起眉头，懒得谈及他们；孩子们说起他们的"罪行"总是滔滔不绝。

　　果不其然，刚接班没几天，学生报告："老师，小轩和小飞打起来了。"一听打起来了，我二话没说就冲进了教室，叫停了这场打架事件。我简单询问了一下事情的缘由，只不过是孩子之间你一言我一语的语言冲突。于是，我站在班主任角度，劈头盖脸地批评了两人的行为。对于其他几个孩子的错误，我也是简单粗暴地批评几句，当天还有效果，到了第二天他们又我行我素了，幺蛾子不断，处理这些事情让我有些焦头烂额。

　　恰巧儿子的班主任给他们推荐了一本名为"杰瑞的冷静太空"的儿童绘本。这是一本关于孩子情绪管理的书，里面讲到了如何正确处理负面情绪。这天晚上我和孩子一起看了这本书，看过之后让我豁然开朗。尤其是里面杰瑞妈妈的做法，先关注了孩子的情绪，让杰瑞在自己怀抱里哭个够，然后再一步步引导杰瑞说出自己遇到的麻烦，和杰瑞一起想办法，提出自己的建议，帮杰瑞完成这个计划。我想，在班级里我不就是孩子们的妈妈吗？当孩子们犯错误时，像杰瑞妈妈这样让孩子正视自己的情绪会不会更好呢？

骨头再难啃也要啃，堡垒需要一个一个攻下。慢慢地相处下来，我发现在这"八大金刚"身上同样让我找到了闪光点。其中的小轩就是个很不错的孩子。他学习成绩不算太差，性格开朗，好动导致他纪律差，常常给班级扣分；但他脑袋灵活，还是个热心肠，啥事都格外长眼神儿，尤其爱帮老师的忙，而且他的家务活干得不错。我很高兴，找到了切入点。

这天，小轩同学在吃午餐前又闯祸了。从心底我是想发火的。我深呼吸，终于克制住了。这一次，我准备换个方法，不再劈头盖脸地说教，而是站在他的角度说："对于你做的这件事，你现在什么想法？"他沉默不说话，有些疑惑地看着我。我猜他心里一定在想："老师不是应该发火吗？"我接着说："从你的表情可以看得出你很愤怒，也很难过。"我顿了顿，看着他，此时他的眼里泛起了泪花。"老师知道，小轩是一个很懂事的孩子，希望得到别人的认可和表扬，但又常常控制不住自己，对吗？"这时的小轩看着我点点头。"咦？心平气和地帮他直面自己的情绪起作用了。"我心想。

"那今天中午这件事情，你说你做得怎么样？"我接着问道。

"老师，是他……"小轩终于忍不住哭了起来，看得出他心里有委屈。

"我不管别人怎么样，现在就说你。首先你有错在先，你看因为你没有一颗包容的心，和小飞打了起来，给班级扣了分，你现在高兴吗？"

"不高兴。"小轩的眼泪终于落了下来。可以看得出，他是个有班级荣誉感的孩子。我乘胜追击，说道："老师看出来了，你并没有因为打赢了小飞而感到高兴，反而很伤心、很难过，做人要有宽广的胸怀。老师发现你的脾气比较暴躁，但又希望被表扬。老师教你个方法，当你要愤怒的时候，你就深呼吸5次，使自己平静下来，好不好？"小轩点点头。"你现在就可以试一试，像老师这样。"我边说边给他做示范。他学着我的样子深呼吸，情绪终于慢慢地恢复平静了。

"犯了错，就要承担犯错的代价。这样吧，从今天开始，中午你就留在教室做值日生，老师发现你很会拖地，你教其他值日的男生拖地，怎么样？"

"好，老师，我在家经常帮妈妈干家务活……"说到干活，小轩两眼放光，跟我炫耀着他的本领。

"过来，老师抱抱你。"我看着他，张开双臂给了他一个大大的拥抱，说："老师相信你一定会控制好自己的。加油！"

通过这一次和小轩的交流，我发现小轩真的改变了。中午会看到他在教室帮着同学做值日、教其他同学拖地，偶尔还会教着同学做几道题。我逮着机会就在班级里表扬他，时间一长我们之间的关系更亲近了，他的自信心也建立起来了，学习成绩也达到了优秀。

通过这一次心平气和地面对和解决孩子的错误，让我看到了引导孩子正视自己的情绪比简单的批评说教更有成效。

班主任的工作经历让我深刻体会到，班级工作来源于琐碎，发自于平凡，班主任虽为"主任"，"官"不入品但责任重大。班主任在平凡的岗位、琐碎的事务日复一日地付出智慧和爱心。我想，每一个学生都希望得到老师的关注。作为教师，我们更应该用心去挖掘每一个细节，用欣赏的眼光去审视学生的一举一动。一花一世界，一叶一菩提。希望每一位班主任都能把班主任工作当作一项伟大的事业，在平淡中去品味班级五彩斑斓的美，去塑造学生美好、高贵的灵魂。

教师职业幸福

做一个有教育情怀的"大先生"

　　我国著名漫画大师丰子恺先生有一幅名为"教育"的漫画，画面上是一个身着围裙的作坊工人在案板上用模子做泥人，已经做好的一大堆泥人都是面貌相同的死板的土偶，且千偶一面毫无生气；泥人上面配有文字：一块模子印泥巴，以为自己是女娲？千个人儿一个样，这种教育太可怕！漫画含蓄而意味深长地指出：蔑视、束缚个性的专制教育制度和教育方法只能培养出一群没有趣味、没有活力、没有特色、机械呆板的"泥人"式的学生。

　　真正的教育必然与鲜活的、生动的、独特的生命成长相依；真正的教育者也必然是心存爱意、充满智慧、厚植情怀的"大先生"。胶州振华教育集团徐程程老师认为："走进孩子的心灵，让孩子感到'甜蜜'，这可能是教育的开始。"青岛市崂山区特殊教育学校王丽霞老师在特殊教育中付出爱心、耐心，体验简单的幸福。众多教师以阳光的心态、工匠的精神对待这份职业，与学生同成长，在点点滴滴的躬行中获得身为"大先生"的职业幸福。

教育，从"甜"开始

青岛胶州振华教育集团　徐程程

　　日子过得真快，不知不觉从事教育工作已经有16个年头了。对教师工作最大感触就是平凡而又举足轻重。育人是一项说起来容易而做起来难的事，尤其是班主任，真可谓："官"小学问大。

　　这学期，学校让我担任三年级四班的班主任，有幸接了一群聪明、可爱，但有点小调皮的孩子们。

　　第一次走进教室，学生对我这个新来的老师非常热情，争先恐后地做着自我介绍，有的说自己爱好画画、有的说喜欢跳舞、有的说自己爱好踢足球……孩子们一个接一个地站起来。轮到一个皮肤黝黑且胖乎乎的小男孩，大家齐刷刷地把目光投向教室的一个角落。他不紧不慢地站了起来，站起来半天说了句："我叫王佳轩，我喜欢和爸爸妈妈一起出去玩。"全班学生哄堂大笑，他也不好意思地挠了挠头。

　　这引起了我的注意。过了几天，我主动联系了孩子的妈妈。通过聊天我了解到，孩子的爸爸在外地工作，因为不方便，所以很少回来；妈妈是位初中老师，担任班主任，每天都需要看晚自习，晚上经常回家很晚；爷爷奶奶在外地，身体不好，也不方便过来照顾他；轩平时经常都是姥姥接送，自己写作业，姥姥还需要照顾舅舅家年幼的小弟弟。了解了孩子在家的情况后，我又联系了他以前的班主任王老师。从王老师那我了解到孩子很聪明，但生活上很散漫，学习上拖拖拉拉，学习习惯不好，上课不集中注意力听讲，经常走神，不能按时按质完成作业，每次考试都挂"红灯"。而且他在班级里经常搞点"恶作剧"，以引起同学们的注意，但是同学们更加讨厌他、嫌弃他。

　　从此，我格外关注他。平时遇见他，他圆圆的脸蛋总是笑意盈盈，我会摸摸他的头，消除他对老师的恐惧；课上讲完课，我会走到他身边，轻轻问问他学会了没有；课下我经常和他聊天，我们渐渐成了朋友。中午在餐厅吃饭的时候，他会主动跑过来，手里端着一碗热腾腾的粥，说："徐老师，我帮你倒了一碗粥。"真是个小暖男，我心里暖暖的。有时候上课面批作业忘了带红笔，问："谁有红笔，借我用一下？""老师，我有。"他大声回答道，然后哒哒哒飞快地跑着送上来。参加大扫除，他总是"冲"在最前面。如果不谈到学习，他在老师的心里一定是个乖孩子。

记得在一次英语课上，我让孩子们认读英语单词，接着当堂检查认读情况。平时这个孩子因为上课听讲不认真，单词认读有困难，我检查的时候经常跟不上速度，于是乱写一通。但那节课他的表现特别好！单词多数都能正确认读了，而且认读速度越来越快，全对了好几次，我"狠狠"地表扬了他。当全班同学给他鼓掌的时候，孩子很高兴！那一刻，他脸上露出了少有的自信、满足的笑容！

那节课，我还让同桌交换批我读的听力作业。他的同桌站起来告状："徐老师，王佳轩不给我批，也不让我批。"这个孩子慢慢地站起来，踌躇了一会儿，才怯怯地跟我说："老师，我怕批不好"。我说："你们交换就行了，老师相信你肯定没问题。"他果然批得很好！我心里别提有多高兴了，带头为他鼓起掌来。顿时，班里的掌声响成一片。这孩子开心得笑了，笑得那么甜……

这一节课两次掌声，这孩子高兴极了，脸上是满满的自信。下课后，我给孩子们发糖果——早已答应给参加实践活动的孩子们的奖品。这个孩子在一旁静悄悄地看着我。我拿起一块糖，跟他说："你虽然没有参加实践活动，但是你最近认真学习了，进步也很大，奖励你！"我把糖扒开放到他的嘴里，小声对他说："别的同学没有这个待遇哦。"这孩子一脸满足的样子，好像这块糖是他吃过的最"甜"的糖。

一句暖心的话语、一个充满鼓励的眼神、一个信任的微笑、一个……也许就会改变一个孩子的一生。我坚信只要多给学生一份关爱，多播撒一缕阳光就会在学生心中荡起阵阵涟漪。

走进孩子的心灵，让孩子感到"甜蜜"，这可能是教育的开始。

特殊的岗位不一样的感受

青岛市崂山区特殊教育学校　王丽霞

在风景如画的崂山脚下有一所特殊的学校。在这所学校里，生活着一群可爱而又特殊的孩子。说他们可爱，因为他们和普通孩子一样爱玩爱闹，纯真善良。说他们特殊，是因为他们有的双耳失聪，从未听到过大自然美妙的声音；有的自我封闭，总是沉浸在自己小小的世界里；有的智力低下，像永远也长不大的孩子。而我，就是这所特殊学校中的一名普通的语文教师。

27年的特教工作经历，让我对这些特殊的孩子产生了一份无法割舍的情感，也让我对教育这项工作有了和其他人不一样的体验和感受。

感受一：做特教教师，要有一颗慈母般的爱心。因为只有爱才能让你走进这些特殊孩子敏感、封闭的内心，进而赢得他们的信任和依赖。

1994年7月，经过三年聋教育专业学习的我，带着对特殊教育事业的特殊情感来到了崂山区特殊教育学校，迎来了我教师生涯中的第一个班，一群年龄只有七八岁的聋孩子。入校的第一个晚上，班里那个长着一双美丽大眼睛的小女孩，因为是第一次离开妈妈，第一次没有了妈妈的陪伴，一直哭着不肯离开我的怀抱。那晚，我抱着她，哄着她，看着她小脸上挂满泪水沉沉睡去……那一刻，我觉得自己就是她的母亲。第二天，小姑娘就成了我无法甩掉的小尾巴，我走到哪，她跟到哪，甚至是上厕所她都要跟着。直到周末，妈妈来接她了，她才离开我的身边扑进妈妈的怀抱。我知道，那几天，她把我当成了可以信赖和依靠的"妈妈"。

为了让孩子们更多地感受到这种爱，我在学校里住了4年，甚至在女儿刚满4个月的时候就带着她住到了学校。早晨，我手把手地教孩子们穿衣服、叠被子、洗脸、刷牙。中午，我一个一个地帮孩子们把饭打好，一口一口地喂着那些自己不会吃饭的孩子。晚上，我在宿舍里哄着他们入睡，定时给他们掖好被子。

后来，学校开始招收培智和孤独症孩子，我常常在值班的时候拉着他们的小手在操场上散步，听他们讲他们的爸爸、妈妈，讲他们喜欢吃的东西，讲今天发生的事情。我会在孤独症孩子情绪不稳定的时候，抱着他们的身体，抚摸着他们的头一遍遍地告诉他们：没事的，好孩子，安静、安静。

就这样，我用关心和呵护走进了孩子们的内心，也赢得了孩子们的信任和依赖。周一早晨，孩子们看到我，会欢笑着扑到我的怀里，紧紧地抱着我说："王老师，我爱您！"那个至今也无法用语言表达情感的孤独症孩子，每次看到我，就会把脸凑到我的眼前，用手轻轻地抚摸我的手臂。我知道，那是他表达亲近的特有方法。还有那个喜欢车的培智孩子，每次看到我都会说，王老师我最喜欢路虎车，等我以后长大了给你买一辆。那个跟我上第二课堂活动的孩子，每天都会问我一遍："老师，你什么时候给我们上课？"

特殊孩子爱的表达很简单，对我来说，却无比珍贵。

感受二：做特教教师，要面对不同类型的残疾孩子，只有不断学习和研究，才能掌握最有效、最适合的教育方法，更好地帮助孩子成长。

作为一名在特教战线上已经耕耘了27年的特教工作者，我从来没有停止过对特殊教育教学的研究和探索。

参加工作的第一年，我虚心学习，每天除了上课就是听课。每天晚上等孩子都睡了，我总要在办公室备课到十一二点以后。一个学期，我写下了厚厚的13本备课本。现在想来，那厚厚的备课本是我的付出，也是我的收获，是我永远的财富。

为了切实提高教学质量，我不断开展教学研究，先后承担了学校"分类教学"实验班和"聋校语文情境串教学"的研究工作，组织学校教师完成了省级研究课题"提高聋生沟通与交往能力的方法研究"的研究任务，参与了"青岛市培智学校孤独症教育体系研究""孤独症儿童情绪干预的实践研究"等课题研究。

为了提高聋生书面表达能力，我坚持指导学生每日练笔，还指导学生设立

"语言交流册",让学生通过交流册畅所欲言。我将课前五分钟定为孩子们的口语展示时间,让学生轮流就某一话题进行全班性的口语展示。我还经常在班里进行看话、说话竞赛,以此锻炼学生的看听话、说话和书面表达能力,为他们与正常人交流奠定基础。

通过这一系列的研究活动,我的教育教学理论和实践水平愈加提高。我撰写的多篇论文曾在国家、省、市级刊物上发表并获奖。我的课多次在省、市级优质课评选中获奖。我本人也先后获得过"崂山区专业技术拔尖人才""青岛市优秀专业人才""青岛市教学能手""青岛市学科带头人""山东省特级教师"等荣誉称号,并被聘为"青岛市特殊教育学科中心组成员"和"青岛市基础教育学科专家委员会委员"。

而做这一切,都只是因为我知道自己的每次超越最终都会让他们获得更好的发展。看着孩子们在我的教育下升入了高一级的学校,踏上了满意的工作岗位,我就觉得自己特别幸福。

感受三:做特教教师,不仅仅要教给孩子文化知识,更重要的是帮助他们形成乐观向上的人生态度,教给他们适应和融入社会的生活技能。

在担任班主任期间,我非常注重培养学生良好的行为习惯和顽强拼搏的精神。结合学生特点,我组织开展了丰富多彩的班级活动,并积极组织学生参加各级部门组织的比赛活动,让学生在参与中感受付出后收获的快乐,以此来培养学生的自信心和顽强拼搏、乐观向上的人生态度。

从担任高年级聋生的班主任开始,我结合聋生的心理、生理缺陷特点,以及他们将来要面对复杂社会这一特点,开始重视对学生进行适应社会的教育。

为了使学生更全面地认识社会,我在教室里特意办了一个"国际、国内、校内新闻栏",要求学生每天坚持收看新闻联播、青岛新闻。我还自费为学生订阅青岛早报、半岛都市报,让学生通过媒体和报刊了解国际国内新闻,并要求学生将感兴趣的新闻记下来,张贴在新闻栏内,供大家阅读。每天早晨,班里要开展十分钟的"新闻天天说"。学生轮流上台介绍他发现的新闻,和同学们交流自己对新闻的感受和看法。教师组织学生对新闻内容表达意见,适时进行正面的引导。

这一方法适应了高年级聋生渴望了解社会现实的愿望，增长了他们对社会实际的了解，也让他们认识到了社会的复杂性，教会他们要正视现实、摆正自己的位置，学会在社会上遇到困难要如何去解决的方法，以此增强他们融入社会的自信心，为他们最终融入社会打好基础。

近几年，我的教学也逐步从聋教育转到了培智和孤独症方面；虽然教育对象发生了变化，但我的教学重点还是如何让他们明白道理，掌握技能，融入社会。

在培智语文课上，我选择与学生生活联系紧密的内容进行教学，不仅让他们学会读书、识字，教他们如何用语言表达自己的想法，用学到的语文知识解决生活中遇到的问题，还让他们学会感恩、乐于助人，做勤劳、懂事的好孩子。

在校本课程沟通与交往课上，我采用情景模拟的方式教学生如何进行自我介绍，学习怎样打电话、怎样接待客人、怎样向别人送祝福，希望他们能用我交给他们的方法学会和别人主动交往，进而融入社会。

在孤独症动作康复课上，我依据科学的评估结果为学生制订个性化的动作训练计划，以此提高他们的肌体能力，希望他们能站得直、走得稳，进而有一个健康的身体。

我还利用生活适应课，教学生学习扫地、擦桌子，教他们刷牙、洗澡、换洗衣服，教他们整理床铺和衣柜，希望以此提高他们的生活自理能力，使他们学会自己照顾自己，减轻父母的负担。

而我最大的快乐就是看着孩子们用我交给他们的本领学会了照顾自己，学会了和别人交流。

感受四：选择了特殊教育，就是选择了耐心与等待，也就选择了要学会体验简单的幸福。

我曾经也将桃李满天下作为我为人师的目标和追求，但刚参加工作时经历的一件事情却让我明白了：做特教教师，要学会体验简单的幸福。

那是一节语文课，我的任务是教孩子们学习发一个在我看来非常简单的音节。经过三年特殊教育专业学习的我非常清楚教聋生发音很困难，对教学中将要遇到的困难我也早有心理准备。所以，为了教会学生这个简单的音节，课前我认真钻研教材、准备教具、选择教法。为了给孩子一个正确的示范，我照着发音器官图，拿着小镜子反复观察自己的发音口型，研究正确的发音方法。课堂上我精心讲解、反复示范，蹲在每个孩子面前让他们观察我的口型和舌位，拉着他们的小手感受声带的震动，让他们用手背感受发音时的气流。为了充分利用他们的残余听力，我趴在他们的耳边，用最响亮的声音，一遍遍地重复那个简单的音节。我以为这样的教学，没有一个孩子会学不会，但结果却让我大失所望。班里有一个孩子始终发不对这个音节。听着他发出的刺耳尖音和自己已变得沙哑的声音，看着他焦急而无助的眼神，那一刻，我真的觉得自己的工作毫无价值！现在想来，那段时间，让我坚持下来的除了自己不轻易服输的性格，就是孩子渴望求知的眼神了。看着他课下拿着小镜子一遍遍地练习，小心翼翼地观察着我的反应，我知道自己不能放弃。于是，我放平心态，告诉孩子也告诉自己：不着急，慢慢来。我不再将关注点放在他是否发正确了这个音节，但却经常在不经意间对他渗透发音的方法，经常和他玩发音的小游戏。直到有一天，在发音小游戏中，我听到了那个正确的音节。那一刻，我惊呆了，扑过去紧紧抱住他，用手势告诉他："对了，再说一遍给老师听听。"听着孩子一遍遍地在我耳边重复着那个正确的音节，看着他开心的小脸，我终于明白了什么是幸福和满足，也真正地感受到了自己工作的价值。

随着我的教育对象变成培智和孤独症孩子，这种感觉也就越来越强烈。

这些孩子，可能一个月也学不会1+1=2，一学期也喊不清楚 "老师"，一年也学不会自己系鞋带，但是我愿意坚持与等待，一个月、一年或许更久，等待他们点滴的进步与成长。因为对于做特教教师的我来说幸福和满足其实很简单，可能只是一个简单的音节、一句清晰的"老师"、一张自制的贺卡，可能只是看着孩子们能融入社会，自食其力，过着平淡而幸福的生活。

27年的特教工作经历，有付出和失落，也有收获和感动，但我对特殊教育的执着和热爱却从未改变，那就是：特殊教育是一种职业，我更愿意把它当作我一辈子的事业。虽然我的学生中有的连个清晰的"老师"也喊不出来；虽然我这一辈子只能教三五十个残疾孩子，即便把一生的青春热血全部挥洒给他们也无法体验到桃李满天下的欣慰，然而，我却依然痴爱着我的特殊教育事业……"

调试情绪　你会发现奇迹

青岛市崂山区第十中学　姜玉妮

曾经拜读过"全美最佳教师"雷夫·艾斯奎斯写的《第56号教室的奇迹》。雷夫的睿智、幽默，让我着实开了眼界；雷夫的爱心、美德与创造力更让我顶礼膜拜。《教育文摘》刊登的雷夫专访——《教育没有捷径，不能放弃》再一次吸引了我，传奇教师对于中国教师诸多困惑的解答，又一次让我受益匪浅。

其中，对于"老师是人，不是神，有时候总免不了会发火，您在56号教室会对学生发怒吗？遇到让您生气的情景您会怎么处理？"这一话题我颇感兴趣。雷夫说，我的学生天天让我生气，做的事难以置信。但是我学到一个经验，希望学生控制情绪，首先我自己要控制情绪，因为我生气也不会让他们变成我希望的人。如果我希望他们做善良的人，可我自己大吼大叫，那就是言行不一。我从来不提高自己的声音，因为这对学生毫无用处。一开始年轻的时候我确实对他们吼叫，可是他们只学到一点，就是对我很恐惧。假如我安静，教室也会安静，假如你能很好地调适你的情绪，你会发现奇迹发生。

认真反思自己的教学，静心揣摩雷夫的做法以及对于今后与学生的相处之道，我豁然明朗起来。于是，我经常请教同事或通过网络和教育杂志等学习控制情绪的好做法，并且坚持在实际教学中实践应用，奇迹果然发生——学生出现问题，我会安之泰然；对于我的教导，学生通常会从容接受。这里，与大家分享一个我的教育小故事。

7年级1班的考场上，小陈同学正偷偷接过后面同学传过来的纸条，不幸被我发现。我软硬兼施，他才极不情愿地把纸条交出来。最搞笑的是他白眼看着我，小声嘟囔："等我长大当大老板了，给哪个老师送礼也不给你送礼。"我忍俊不禁地说:"只要讲诚信,你一定能成为大老板。" 他斜眼看着我回敬道:"我不好买彩票中个500万?"小脑瓜转得蛮快呢——知道我在戏谑他,我再一次哑然失笑,不由得想起前些日子他对刚毕业分配来的小胡老师的一番谆谆教导:"……你赶快跳槽吧,在我们这个穷地方当老师,永远没有出头之日。"我们经常领教他的雷人之语,所以私下戏谑他"很别致呢"。

考试结束后,我已把这事抛到九霄云外了。不承想,小陈对此事却耿耿于怀——

隔了一天,我到7年级1班上课,发现了以前从来没有过的现象:有个男生堂而皇之地坐在座位上津津有味地看课外书,他就是小陈!我马上明白:因为考试事件与我"结梁子"了,还讨厌我呢,可能要公然与我对抗呢——我不由得怒火中烧!我们第一反应就是棒喝制止或直接罚站以解心中怒气,但转念一想,这节课内容很多,为了不影响正常课堂教学,我不动声色,一边讲课一边思索,决定压住怒气来个缓兵之计——

趁各组同学自学之余,我走到小陈后面,只见他仍在"认真"地阅读。我就装糊涂,轻轻拍了拍他的肩膀,一脸灿烂地说:"呀,看什么书,这么投入?哪天出书了,千万别忘送我一本,要签名的哦。""老师,不好意思,一定送,一定送!"只见小陈迅速地把手中的课外书合起来放进座位里,同时打开早已放在课桌上的思想品德课本,我俩相视而笑。之后我装作若无其事,继续巡视其他学生的学习情况了……

下课了,我走到他面前亲切地问道:"这节课收获不小吧,就凭你的脑瓜子、你的口才,绝对的思品高手!课外书就得课外找时间看,一定要合理安排好时间呀。""放心吧,老师,下不为例!" 只见他站起来,拍着胸脯说道。一米八多的大个子立在我面前,很男人的样子。

以后的日子里,我比以前更加关注他:课上多了赞许的目光、激励的话语,课间里多了莞尔一笑,办公室里更多了倾心交流偶或严厉批评……他果然再没有违纪,并且成了思想品德课上的中坚力量,我们的课堂经常因为他的发言而无比精彩。

控制情绪,果然发生了奇迹!试想,当初因为小陈的"冒犯"之举,我火冒三丈,然后当堂咆哮,或者置之不理,后果会怎样呢?毋庸置疑,一个所谓的"问题学生"将很有可能诞生！

经历小陈事件，我深切感受到，初中学生心智还不成熟，孩子气十足，许多时候要点儿小聪明，闹点儿小脾气，不是一时冲动，就是一时茫然；更多时候，他们的心灵是柔软的。所以，当学生有意无意"犯错"时，我们最应该做的是一定要控制好自己的情绪，不能如临大敌。这样，才能做好接下来的两件重要事情：首先要用心——平心静气地思考出现问题的原因；然后要有匠心——就是能运筹帷幄想出能全面解决问题的最好办法。相信这样会达成学生的"动心"。

心理学家诺尔蒂称，孩子就是环境的产物。他说：如果儿童生活在批评的环境中，他就学会指责；如果儿童生活在嘲笑的环境中，他就学会难为情；如果儿童生活在敌意的环境中，他就学会打架……所以，就让我们把调试情绪作为教育工作者的必备素养，用我们的人格魅力、睿智的大脑、包容的心灵来对待成长的孩子们。谨记雷夫所言：假如你能很好地调适你的情绪，你会发现奇迹发生。

让我们与教育随笔共同成长

青岛市崂山区育才学校 王旭凤

在一次听课的过程中，苏霍姆林斯基发现有两个七年级的学生朗读很单调，毫无表情，而且读得很紧张、很费劲，他觉得对朗读的人来说，那些词好像是一座复杂的迷宫，朗读者是在黑暗中穿过这座迷宫的，每时每刻都在碰到障碍。于是，他便产生了疑问：为什么他们会这么朗读呢？他们是怎样领会所读东西的意思的呢？他把这个疑问记在了记事簿里，并开始对学生的阅读进行研究，并得出结论：不会阅读并不是智力发展上的什么不正常情况的结果，而相反的是，不会阅读阻碍了抽象思维的发展。以后，他们又进行了一系列研究工作，精雕细刻地培养学生的阅读技能，从初步的观察和简短的记录，到全体教师进行广泛的研究工作，再到深入钻研学生头脑和意识里发生的过程的实质，这就是教育概括的途径。这个例子说明了记教育日记的必要性和重要性。

记得著名教育家、苏州市副市长、苏州大学教授、博士生导师朱永新说过："中小学老师，我是不大主张去进行对他们而言比较遥远的理论探讨，绝大部分的老师的科研可以是日记的形式，随笔的形式。陶行知、苏霍姆林斯基，他们的主要作品就是教育随笔。日记教育就是有它神奇的魅力，我们就是要通过新教育实验，让更多的学生、老师来领略这神奇，来展示这魅力。"他在发表的《朱永新成功保险公司开业启事》中这样说："每日三省自身，写教育日记千字。一天所见、所闻、所感、所思，皆可入文。十年后持3650篇千字文（计360万字）来本公司。"关于理赔办法，他也写得一清二楚："如投保方自感十年后未能跻身成功者之列，本公司愿以一赔百，即现投万元者可成百万富翁或富婆。"这段话幽默含蓄地说明了写教育随笔的深远意义。

让我们也来看看一些成功的例子吧。苏霍姆林斯基32年坚持写教育日记，一生撰写了41部专著，发表了600多篇论文，写了1000多篇供学生阅读的作品，成为苏联教育思想的集大成者。我想，他之所以成为著名的教育家，与他善于思考、坚持写教育日记难道一点关系都没有吗？不！可以说，教育日记成就了他，同时也成就了魏书生。魏书生是中国的著名教育家，他用一生的心血写了30多本日记，大约200万字！还有很多我们熟悉的特级教师、教育家都有一个共同的特点，就是写教育日记，许多教育家出的书籍也是日记的形式。例如，江苏省小学数学特级教师华应龙从参加工作的第一天起，坚持写教后感和反思，22年从未间断，已发表论文400余篇，成为"首都基础教育名家"；窦桂梅靠"恒"劲积累了100多万字的教育教学笔记……我想，如果我们教师像他们那样坚持不懈，善于思考，善于动笔，善于积累，也会成为一个了不起的人！

苏霍姆林斯基给我们提出这样一个建议："凡是引起你的注意的，甚至引起你一些模糊的猜想的每一个事实，你都把它记入记事簿里。积累事实，善于从具体事物中看出共性的东西——这是一种智力基础，有了这个基础，就必然有那么一刻，你会顿然醒悟，那长久躲闪着你的真理的实质，会突然在你的面前打开。"他说："记日记有助于集中思想，对某一个问题进行深入思考。""这些记录是思考和创造的源泉。"他特别对校长提出，要有一个记事簿，只要你是认真地对待你的工作的，你就要尊重这个记事簿和尊重自己，把它一年又一年地记录和保存下去，这实际上是一种教育日记，同时也是你对一个较长时期的教学和教育过程进行概括分析的准备工作，从收集事实、分析事实、研究事实，到做出概括性的、抽象的结论——这是我们学校领导人应当每天在走的一条路。我想，它也是我们每一位立志做好教育工作的教师们每天应该走的一条路。每一位勤于思考的教师，都有他自己的体系、自己的教育学修养，如果不把自己在长年劳动和探索中所体会到的一切积累起来，那是多么大的损失啊！

然而，写教育日记并没有引起我们大部分老师的重视。去年暑假开学后，我们学校实行了一项重要举措，要求每位教师每天都写教育随笔，我们又有多少人能够做到坚持写呢？在两个学期的教育随笔检查中都发现一些教师有被动应付的现象，具体体现在篇数少、个人反思少、摘抄多；有的班主任老师居然连一篇教育日记都没有写，整本都是教学随笔，不难想象他在班级管理和德育工作中动了多少心思。我自己在记教育随笔中又何尝不存在问题呢？总是以没有时间、工作太忙为理由，把写教育随笔的事一拖再拖，然后找一个时间一补就是好几篇，根本没有养成每天坚持写随笔的习惯。其实，我自己也发现，在工作中曾经发现过不少问题，也曾产生过不少灵感，就是因为当时没有及时进行捕捉、随时记录，以至于让一些有价值的东西不知不觉地消失掉了。不过，值得庆幸的是，好在自己还留下几篇随笔，一旦写什么案例、论文、总结，便可以信手拈来，不至于搜肠刮肚地去找素材了。只是当时不免会责怪自己：要是平时多积累点随笔该多好，写文章就更加游刃有余了。

身边确实有几位老师的教育随笔写得很好。翻开她们的教育随笔，一篇一篇地细细品味，那真是一种享受，里面记录着他们教育教学的成功与失败，记录着他们对学生的体贴与关爱，记录着他们对幸福的理解和对生活、工作的热爱……走进他们的随笔，你便可以找到答案，认识到为什么他们能成为我校教师当中的佼佼者。教育随笔见证着他们的业绩，见证着他们的成长！我建议学校开展一次教育随笔的展览，让老师们都能看一看、学一学。这也是一种资源共享。一本教育随笔就是一笔宝贵的财富！

读了身边几位教师的教育随笔，我被他们持之以恒的毅力所折服，同时感到了一种无形的压力，自己要是再不写教育随笔，在教育教学改革的行程中会被他们远远地甩在后边的！她们作为班主任，难道不比自己工作还繁杂和琐碎吗？他们能够做到坚持写，我就做不到吗？其实，我们都能做到。关键是对待教育随笔要有一个正确的认识，不要找任何借口！当自己工作忙的时候，想一想魏书生，他身兼数十种社会职务，自己还要教书，写书、讲学。即使这样忙，他都能够做到坚持把日记写完，还把工作做得有条不紊。我们和他比起来还算忙吗？还有理由找借口吗？让我们坚持每天写教育随笔吧，因为那是苏霍姆林斯基、陶行知等教育家走过的幸福之路、成功之路。

而我也断断续续地记录教育日记十几年，收益颇深，记录的过程艰难，但是N年之后再次翻看自己的日记本，你会体会到"会当凌绝顶，一览众山小"的感觉。

让我们抓住每一个瞬间吧，记录自己真实的内心感受，记录自己的酸、甜、苦、辣，把工作中的点点滴滴都留在美好的记忆中。

让我们与教育随笔共同成长！

孩子，咱俩牵手慢慢走

青岛市崂山区特殊教育学校　许海峰

鲁迅先生曾指出："教育是根植于爱的，爱是教育的源泉。"爱心是教育的基本前提。拥有爱，就会有一颗努力、奋进的心；拥有爱，就会善待一切。当我们敞开胸怀、放低姿态、俯下身子的时候，同样能享受到学生给我们带来的快乐与幸福。

孩子啊，让我来牵你的手，慢慢走。

趣味运动会那天，7年级的子宜妈妈好奇地问我："许老师，你的课好像有魔法一样，俺家孩子每天念叨，即使病了，听到当天有你的课也非要来。"我微微一笑道："每个老师的课都很棒！可能是因为我和他的缘分更深吧！"其实，得到这样的反馈，我心里是非常高兴的，这至少说明孩子们是接纳我的。来到特教教课，我是非常忐忑的。第一，我怕自己以往的严肃吓着这些孩子。第二，不是特教专业出身，对这些孩子的行为认知及管理方式欠缺方法。怎样才能让这些孩子尽快喜欢上我，喜欢上我的课？怎样才能让他们在我的课堂上感受到快乐，体会到生活的乐趣？怎样在有限的课堂时间我能关注到所有的孩子，让他们每节课学有所获？……好多问题萦绕在我脑海，手忙脚乱地迎接全新的开始。因为骨子里对教育使命的敬重，也为了让每个孩子们的能力一点点提升，一有空我就琢磨、研究并动手操作，力争每节课都有新意，争取让这些智力残疾的孩子在课堂上感受多彩的生活。

我清醒地认识到，这些生命中有缺憾的孩子，更不能去糊弄，他们需要的是重于知识传授的理解、关爱、平等、快乐以及对生活的正确认识和适应。所以，我的课堂内容都与他们基本认知的生活相关：一年四季的自然变化，中华民族的传统节日风俗，生活中心心念念、极其喜欢的卡通形象等等，让孩子们通过课堂了解生活，了解社会。课堂导入的设计，我也变化多种方式：手指操、连线小游戏、小绘本、生活小常识、歌曲等等，充分调动孩子们的兴趣，拉近师生的距离，让他们知道，画画不仅仅是涂色，还是一种生活的乐趣，生活的技能和思想的提升。

我慢慢地体会到，一个内心有爱的老师，一定懂得善待学生的自尊心，像爱护自己的眼睛一样去呵护学生的自尊。这些阅历浅显的孩子，其实更需要润物细无声的帮助——看似无意，其实是有心而为的举动：孩子的口水流出来了，拿出纸巾递到他手中，和他一起擦干净；头发乱了，轻柔地帮她扎起来；出现刻板行为的时候，双手托着他的脸蛋，细声地引导或者与他额头轻触，让他及时停止行为。

我静静地收获着：当我咳嗽声音嘶哑时，孩子们会关切地问一声"老师您少说话"；当我进出校门时，孩子们会热切地和我招呼；当节假日回来，孩子们会说"老师，我们想您了"……每每这个时候，我便会湿润眼眶，内心就会有一份喜悦与欣慰在翻腾，尽管孩子们表达得不是很清晰甚至含糊不清，但是他们的纯朴、真诚让我领悟到付出与收获的快乐。于是，现在我不再彷徨，更加坚定地把责任与关爱融入每个孩子们身上；即使路途尚远，但我会坚持。

孩子啊，放心！我会好好地、柔柔地牵稳你的手。

种桃种李种春风

——小学生学习态度改变策略初探

平度市东阁街道胜利路小学　刘翠琴

三毛说，每个人心里一亩田，用它来种什么？种桃种李种春风，开尽梨花春又来。小学生，内心干净纯洁，本是播种希望和惊喜的田，但如今一些小学生，受社会、家庭等各种因素的影响，学习缺乏主动性，认为学习是给父母学的。"爱学是万善之源，厌学是万恶之源。"学习态度的是否端正，不仅直接关系到学习成效，而且直接关系学生个性与人格的形成与发展。形成积极主动的学习态度对每一个学生都具有极为重要的意义。教师应该与学生真挚地交流，推心置腹地沟通，端正学生的学习态度，让孩子们懂得为什么要学习。只有端正了学习态度，变"要我学"为"我要学"，在学习中就能够不断体验到取得进步的愉悦心情，在学习上遇到困难或挫折时就能够主动克服，成长为更好的自己，见到更精彩的世界。

典型案例：

李琪，四年级学生，他学习态度散漫，经常踩着铃声进教室，常常迟到。课堂上不专心听讲，注意力不够集中，左顾右盼，几乎不会主动回答问题。课堂上写字时磨磨蹭蹭，半天找不到笔或者本子。书写潦草，难以辨识。放学到家后经常书包一扔就打开电视看，不帮父母做力所能及的家务。等家长问作业做完没有时，他才会拿出来做或是去问同学做哪里，甚至有时候他就说没作业。考试成绩是每况愈下，卷面一片空白，几乎科科不及格，有的甚至考个位数。这是个白白净净的男孩，一双眼睛很灵活。在元旦演出时，他玩悠悠球出神入化，悠悠球仿佛长在手上，伸缩自如，引来小伙伴们的惊呼。他爱好很多：跑步、游泳、跆拳道……

这样的一个孩子放任自流多可惜啊，我几次找他谈话，但效果不明显，好了两天又我行我素。给父母打电话，父母表示管不了，软的硬的都用过，就是不管用，可能根本就不是读书的料。父母是这样的态度，我的心都快凉了，心想：算了吧，或许他就是那根"不可雕的朽木"。

不管他的那几天，他索性变本加厉起来，有时上课书也不拿出来，作业也不做了！每次看到这个孩子，我无法真正无视：这是一个才10岁的孩子啊，如果是自己的孩子呢？这个社会，没有知识寸步难行。再这样混下去，长大了就晚了！什么都不做，我良心难安。

我决定先进行详细了解，然后再找对策。在李琪妈妈的微信圈里，我发现这样一条信息：妈妈说，我家孩子除了学习，别的什么都好。语气里没有焦急，而是充满自豪。看来问题主要在父母身上。这个家庭比较富裕，父母学历不高，家里做生意，在这个小地方算是富裕。虽然也希望孩子好好学习，但并不迫切。认为小学毕业照样能当老板。朋友圈里常常透露出这样的意识：某人卖烧鸡赚出三套房，而有些博士毕业还在租房……久而久之，耳濡目染，孩子骨子里不知不觉也觉得读书无所谓。

为了有针对性地做工作，我经常和家长聊孩子、聊人生、聊家庭教育、聊当前的一些社会发展、科技信息，分享一些家长课堂文章，转化孩子先从家长开始。慢慢地，家长意识到孩子目前状态的严重性，开始关注孩子的学习，甚至打听好的辅导老师。我告诉他们，父母最重要的事业是教育好孩子。最好的老师就是家长，家长在和孩子一起学习的过程中悄悄改变孩子，增进父母感情。

同时，我设法接近李琪，拉近关系。我买了悠悠球，真诚地让李琪教我。毕竟是小孩子，他给老师当"老师"，特别自豪，也特别认真，告诉我怎样握线怎样甩出去……通过几次的接触，我与他慢慢交上了朋友。他上我的语文课时开始听讲了，作业也能完成，但别的科目还是老样子。

后来，我加强攻势：一边与他玩悠悠球，一边与他谈论生活，讨论他的名字，告诉他"琪"是美玉的意思，父母当你是宝玉啊。他很惊奇，特别兴奋，问我怎么知道的，我说读书知道的。他第一次陷入了沉思。我趁机给他讲一些励志故事，文天祥少年正气、陈景润认真学习、周总理为中华之崛起而读书……让他知道，世界有多么辽阔；给他看我查的统计数据：

硕士学历以上的家庭比高中学历家庭的富豪比例高30倍。

博士学历的人比高中学历的平均收入高6倍。

就是说，如果你高中毕业，月入4000元，那么你读到博士的同学大概月薪24000元。

为了彻底转变他的观点，我和他的父母约定，周末带孩子去他妈妈工作的地方待上一天，当帮手。他妈妈在超市里开了一个儿童乐园。孩子体验后日记中这样写道："我好奇地跟着妈妈来到了超市，周末人真多，妈妈开票，招呼顾客，照顾小朋友，拿衣服，递水，计时间……忙得团团转，水都没空喝。我帮妈妈整理地下一堆鞋子，扶小朋友、递水，累得满头大汗。中午，我们连饭都没顾上吃。原来，赚钱这么不容易。晚上妈妈犒劳我，要带我去吃肯德基、牛排，而我只是要了一碗面……妈妈说我长大了，懂事了。"

慢慢地，他上课开始认真起来，各科作业也能按时上交。只要他的学习有一点点进步，我就及时给予表扬、激励。趁着良好势头，我不断加强巩固，安排一个正气向上的同位在潜移默化中影响他。我大胆让他当小组长，负责一个小组的纪律、检查作业等。就这样，他的学习成绩得到迅速的提高，三年后顺利升入了这里最好的实验中学，后来又升入了一中的直升班。他在给我发的短信中说道："也许很多人不记得自己的小学老师，但我会一直记得您。您不会知道您对我的影响有多大，是您改变了我的人生。老师，遇见您是一件多么幸运的事！"那一刻，我觉得自己是最幸福的老师。这就是美好的教育和教育的美好吧。

案例反思：

一、做好家校合力教育

可以从以下方面着手。一是利用家长会或专题讲座，给予家长行之有效的方法指导，培养孩子良好的学习态度。二是利用好现代技术平台。利用乐教乐学或微信群推荐优秀教育文章，教师随时随地点赞、指导。定期评选最好家风家教家庭。三是进行经验分享。定期安排最美家庭相互分享经验金点子，加以全班全校推广。

二、激发学习动机

认清形势、明确学习目的、激发学习动机。在教学中渗透引导正确的人生观、价值观、世界观。在教学中，教师通过课堂教学、课外实践，时常利用阅读课为孩子们朗读感恩父母和社会的文章，用历史的现代的杰出伟人、名家以及先进人物的"先天下之忧而忧，后天下之乐而乐"的抱负去熏陶、感染学生，逐渐使他们明是非、懂担当。

三、体验成功喜悦

循序渐进，帮助建立可达成的学习目标。及时鼓励，通过鼓励、表扬手段，肯定学生的每一点进步，鼓励他们不断追求成功。帮助他们建立可达成的学习目标。要遵循"跳一跳，摸得到"的原则；要符合"最近发展区"原理；要遵循循序渐进的规律；既不能高不可攀、无法触及而脱离实际，又不能谨小慎微、缺乏进取开拓。尝到了成功的滋味，才会体会到它的意义，才会产生兴趣，然后进行行为强化，最终形成好的学习习惯。

总有一种付出让人热泪盈眶，总有一种力量让人一往无前，总有一种坚守让世界春暖花开。通过我不懈地精心转化，终于取得了令人可喜的成果：李琪同学由一个"厌学者"变为"优秀生"。这虽是个案，但也包含着转化学生学习态度的一些技巧、方法。愿我们的广大同仁能寻出更多有效的策略，为每一个学生的顺利成长、健康发展倾出我们作为人师的全部的爱。

"汗水比泪水更有营养，站着比坐着更有力量。"我们相信，只有始终坚持爱与责任，才能成就万千孩子、幸福万千家庭！

特别的爱给特别的他们

青岛市崂山区麦岛小学　李　萍

妈妈：起床了，该去学校了。

儿子：我不想去学校。

妈妈：但是你必须去学校！

儿子：我担心孩子们不喜欢我，我不想去学校！

妈妈：你必须去学校！

儿子：我太紧张了。

妈妈：是你必须去学校……因为你是教师！

　　上面这段对话的结局反转一定会让人觉得好笑又有趣！这组戏谑的对话透露出了一个人尽皆知的事情，那就是教师最重要的职业向往就是成为学生喜欢的人。

　　直到遇上班里的几个特别的孩子，我感觉到这件事情似乎变得更困难。

　　在我的班级当中有四个特殊小孩儿，两位发育迟缓、一位感统失调以及一位多动症的孩子。他们呈现出完全不同的面貌和状态，几乎每天都会遇到对他们来说无法解开的"复杂问题"，或许是稀松平常的小事也会如滚雪球般演变成为风暴中心，误会和麻烦几乎时刻陪伴他们左右。两年来，我花费了大量时间和力气去帮助他们解决问题并积极与他们的家长进行沟通，这对我来说算是富有挑战的事情。之所以说这是富有挑战的事情，大概是因为我常常需要同时面对四个孩子在同一天出现问题。这也为我面对特殊孩子积攒了诸多经验和能量。

167

一、宽容却不过分宽容

众所周知，这些特别的孩子在入学的那一刻起就是与众不同的，他们常常有努力的意愿却不能如愿，因此会有一系列消极情绪和防御性行为，如情绪崩溃、持续沉默、刻意躲避甚至是攻击行为。

我们班级的那位感统失调的孩子，他在课堂上常常有一些有失规范的行为：有时候是在教室地面爬来爬去，有时候是摆弄文具发出巨大的噪声，有时候是自我沉醉的哼唱或自言自语，有时候甚至是不断打扰周围同学的学习。

起初，我和任课老师会严厉地提醒，可这让他怒不可遏，于是号啕大哭的声音和摔打东西的声音让老师们无法继续从容上课，全班同学的情绪和注意力都受到了严重的影响。后来，我又尝试在教室最后的角落里给他一个相对独立的空间，几乎"放任"他的行为。这是基于我的发现，当他感受到有压力的时候会有明显的行为倒退和情绪崩溃。可是，这样的宽容似乎又使得他太过随心所欲。

在心理老师的热心帮助下，在家长的全力配合下，我找到了为他量身打造的宽容度，同时确保不能过分宽容而损害其他孩子学习的权力。

二、取得家长充分信任

对于特别的孩子，赢取家长的信任尤其重要。这些特别的孩子在能力发展方面处于弱势，人际交往中也往往是问题的中心，因此作为他们的父母就会有更多的担心和疼爱。经验告诉我，他们对孩子的问题更加敏感，因此需要花大量的时间和精力和他们去沟通。

在沟通中有几点原则值得注意。

首先是柔和的态度。在面对孩子的特殊性时家长往往是十分脆弱的，因此柔和的态度能够使得家长以更加诚恳和积极的态度解决问题。柔和的语言和声音也给人温暖和治愈的力量，家长往往会因此也变得柔和。我依稀记得其中一位孩子的家长在第一次接到我反映问题的电话时冷漠的语气，然而现在我们成了并肩作战的"战略伙伴"。

其次是充分表达对孩子的喜爱和赞赏。每一位家长都天然地深爱自己的孩子，虽然有时候他们也不喜欢孩子的某种行为，甚至会指责孩子的种种，但是要永远相信他们和自己的孩子内心是紧密联结的，如同孩子希望得到老师的喜爱，他们也希望老师喜爱自己的孩子。充分表达赞赏能够把沟通的效果发挥到最好，也能让家长对学校、班级和老师更放心。

再次是抓住沟通的黄金期。在问题初露苗头的时候沟通，可以有效遏制负面行为的扩大化；在问题发生后第一时间沟通，可以打消家长的重重疑虑和胡乱猜想，切记"问题不隔夜"；在孩子有进步和变化时勤沟通则，可以给家长打强心针，助力特别孩子朝大众方向发展。

最后是描述越详细越好。我处理过很多次误会和纠纷，总会遇到孩子说不清楚和理解有偏差的情况，这往往是因为孩子的表达和理解能力比较欠缺。在解决问题的过程中，我会尽可能详细地还原事件本身，必要时录音留作沟通的佐证材料。在和家长沟通时，我仍然遵循"越详细越好"的原则去描述还原后的事件本身，并且把解决问题的过程做出详细的汇报。

这些需要花费非常多的时间，甚至有时候让我无法再去别的事情，如果恰好遇上周末那就意味着周末泡汤了。但是，这是十分必要和值得的，因为家校沟通的隐患就是这个过程中消除的，家长对学校和我的信任感也是在这个过程中逐步确立并加深的。

三、不断尝试新的策略

面对特别的孩子，一以贯之的只能是爱和包容。在他们身上使用和实践策略和方法时必须大胆积极、勇于尝试，不断推陈出新。因为你会发现所有的方法都不会一直发挥作用，他们的进步有时或许会缓慢地让人看不出变化，反复和倒退时有发生。

我采用过很多办法来转化这些特别的孩子。

在这里想分享的是，我的策略和方法或许是大家曾经或当下都在用的"糖衣炮弹"的花式夸奖、利用向上心理的"戴高帽"、离间计等等，但只要经常调整，就会常用常新；重要的是，不要放弃尝试，不要盖棺论定。

在众多的方法中，座位的调整和安排也是重要的一项。对于特别的孩子来说，物理空间和周围环境也有很多影响，这需要在细致的观察中适时调整。以这学期为例，我把全班分成了七个小组，其中六组两两合并，一组单列。这会让几个特别的孩子有更大的机会横向拉开距离；同时，借助自律而又具有管理才能的孩子发挥监督作用，在座位安排上采取包围策略也会取得不错的效果。

四、学会积极暗示自己

有一段时间这四个孩子中两个爆发严重的问题，他们的负面情绪如洪水猛兽般向我袭来。我被这种负面情绪笼罩，有时候会有一种被牵着鼻子走的无力感。这时候，我会特别怀疑自己的方法是不是错了、我的能力是不是不行。在我们学校左蕾老师的帮助下，我把负面情绪彻底释放了出来，努力给自己积极的暗示。

积极的暗示有很多。比如，在教室里和课堂上通过其他大部分孩子的好习惯和新进步来暗示自己孩子们很棒，在特别的孩子有特别的行为时；积极暗示自己他们并不想故意这样，只是暂时没有控制好自己的情绪。其实，更多的时候我们也需要阿Q精神，暗示自己或许更专业、更资深的老师也并不能解决特别孩子的全部问题，而是他们更懂得如何调整自己的状态和情绪，以免被消极情绪所裹挟。

在我的班级管理中，给特别孩子的爱会特别多，面对的"惊喜"也常常是一波未平一波又起。革命的乐观主义精神是最重要的品质，一定要坚信办法总比问题多、明天总比今天好。

适时按一下暂停键

青岛第五十一中学英语组　赵红梅

雨夜。窗外狂风暴雨，夹着蚕豆大小的冰雹，敲打着窗棂，也敲打着我的心。God!

终于熬过了超长居家抗"疫"假期，明天就要开学啦！就用这样特殊的方式迎接新学期？当老班的我要怎样欢迎"神兽归笼"？要……不要……虽已累得两眼打架，但我的大脑却依然亢奋着，没有宁时。眼睛在自己的个人公号上扫描着，似乎在寻找着什么，于是就有了这下面的老班笔记——

很想提笔，似有千言万语，却又不知该从哪里开始。就像这段时间的自己，不知道哪里出了问题，喘不过气，叫不出声，又使不上劲。这段日子过得好吗？答曰：我太难了！老班的生活就是战斗吗？班规？考勤？严防死守"刁民"？看管金贵"小祖宗"？除去吆三喝四，横挑鼻子竖挑眼，还有什么好的鸡汤给学生喝？当了这几个月的"十八线主播"和"二十四小时客服"之后，我真想对自己说："老班，可不可以给自己按一下暂停键？"来看看这些记忆里的镜头吧——

镜头1　刚才晚饭时，自己11岁的儿子坐在桌前抹眼泪，我看着莫名其妙，忙问为什么。答："妈妈，你能不能不这样说我吗？"我一愣，"我刚才说你啥了？我已经不记得了呀。""你老说我，声音还那么大……"我硬咽下了要冒出的火气。职业病又犯了？

——是。该给自己按一下老班暂停键了！我已经在不知不觉中陷得太深了！居高临下，满嘴祈使句："抓紧！坐下！……"自己还会好好说话吗？尤其是和孩子说话？咋平时有那么多的发号施令和不耐烦？班主任不是警察，也不是救火队员，能不能让自己先静下来，去耐心地听听孩子说什么，看看他在做什么？这应该是与孩子一起成长的第一步吧。

镜头2 发生在上学期课堂上的一幕。二分钟铃还没响，我习惯地站上了讲台。还没等说一个字，学生中就发出一阵哄笑声。咋的了？我有点蒙圈，又要斗智斗勇？一转身，恰巧撞到了电子白板上大大的笑脸——小黄人似的，正闪烁着长长的睫毛卖萌呢。哈哈——学生们笑得更是刹不住车了！哦，是这个家伙啊！我有些哭笑不得。一咧嘴，也不知又是哪个熊孩子的"杰作"。刚想教育一番，转念一想，我把跑到嘴边的话硬生生地咽了回去，暂停10秒！

——"小样儿，还挺俊啊！"我一边端详着那张笑脸，一边抛出一句方言："是不也该叫呆萌、So cute!かわいい！（卡哇伊）"学生们像看相声小品一样又是一阵大笑，还连连点头附和着。"如此阳光明媚的清晨！看一看，我的眼前是一片灿烂的青春的脸，身后还有个可爱的小黄人，生活原来可以如此美好！"学生大概从来没有听我说过这样的"好话"，眼神里流露出明亮的喜悦。

真是个温暖的瞬间！我忽然很庆幸，想感谢自己：多亏我管住了自己的嘴！要是按以前的套路出牌，一顿上纲上线，什么破坏公物、乱涂乱画云云，硝烟味肯定又起来了！——我曾为这个瞬间起了个美名叫"给点阳光，我们就灿烂了！"现在想来，在老班的日常中确实需要常常温习这样的字眼："倾听、克制、对话……"如果一个班主任花了大把好时光只知训人、上课和批卷，那是件多么无聊又可怕的事呀。

另外，对于此类看似"不着调"甚至让人抓狂的东西，老班们应该转变一下观念，将它们视为对自己"教育智慧"的检验如何？我习惯称之为"试金石"。以我上面的课为例，我可能会因为失控而怒斥学生；但当我控制了自己，当我明白课堂是个可以出错的地方，我就能够容忍那行云流水的课堂暂时停下一两分钟。这时候，我发现我收获了令人喜出望外的结果！

苏霍姆林斯基曾说："教育的技巧并不在于预见到课的所有细节，而在于根据当时的具体情况，巧妙地在学生不知不觉中做出相应的变动。"这实际上就是要求教师要善于灵活应变，捕捉课堂上的教育资源，画龙点睛甚至变废为宝，从而最终成就精彩课堂。我们所期待的学生核心素养的培养是不是也就在此中"润物细无声"了？

镜头3 孩子和他的"猴弟"的生活小景，一直在我内心挥之不去。下班回家，我发现孩子趴在床上与他的所谓"猴弟"（一个毛茸茸玩具）下象棋。他摆好了棋子，然后自己一人开始黑白对阵，"猴弟"是他的观众；要么就教着"猴弟"下棋，自己嘴里念念有词。那个时候的我在干什么？在洗衣做饭，在回复学生发来的各种问题，在回复家长们的群留言……另一个镜头则是每天早晨自己上班前的情景。睡意朦胧的孩子习惯抱着"猴弟"给六点半出门的我开门，然后则要十分认真地嘱咐自己："妈妈，您到了楼下一定要抬头看看我呀。"于是，每每匆匆下楼，无论天气怎样，时间怎样紧迫，自己都要停下来，仰望着五楼窗玻璃上映出的那个小脑袋，还有他手里那个一跳一跳的小猴，使劲摆摆手。——写到这里，我的鼻子不由一阵发酸。陪伴？陪伴？！当老班的我需要给自己一个暂停的理由了！

又一个普通夜晚，我抱着一大摞试卷跑回家，准备大战一番。小家伙在忙完他的作业后，提出一个要求："妈妈，陪我下一盘棋吧。"这次我点了点头，孩子立刻变得很开心。我打开手机，开始放全家人都喜欢的音乐，然后给每人冲好一杯热牛奶，并把电动洗脚盆拖到桌旁，倒进洗脚水和足浴盐。一切停当后，坐下来边泡脚边跟孩子学下棋。孩子当着小老师非常有成就感，得意扬扬地哼着歌，喝牛奶的时候还和我碰了碰杯。家里的气氛立刻柔和了好多，没有多久，他就心满意足地跑到自己的床上睡去了。

然后，我开始熬夜批卷。翻卷的声音，和着那睡熟的孩子的呼吸声，消融在漫漫长夜里……

——老班，他是否应该成为掌控生活的高手？一个真正会生活的现代人，他不该只是个工作的奴隶，也不该是单纯意义上的工作狂。他更应该懂得生活，并营造起真正美好的生活。就像学生，只会死啃书本，变成了书呆子，这不该是学习的榜样。想起那个拿着自己写的剧本上台和学生一同狂欢的我；想起那个在运动场上驰骋的我，周边是学生们喊破嗓子的呐喊……喜欢这样一个我。可否这样说，只有当一个老师更像一个有血有肉、有情有义的人的时候，他才会培养出更加完整的人来？所以，老班，请在合适的时候，给自己按一下暂停键，可否？

边看自己的公号，边敲下上面这些文字后，我从电脑前起身，走到窗边，暴风雨已经过去了。腰酸腿疼的我斜倚在墙上，望着昏黄路灯下静寂的世界，半晌没有挪动。让我静静地站一站、看一看吧！居家隔离的日子，也是闭关修行的日子。"疫情"是我们每个人必须读的一本生活教科书。明天，我会比往常更加忙碌，如测体温、戴口罩、消毒等等，但见到学生的时候，我一定要微笑着听听他们的心声，静静地坐下来和他们聊聊我的日子和想法。我们不仅需要"有字书"的指导，更需要从生活的"无字书"中汲取营养；如果能实现这样的自我成长，那也该说是一种莫大的幸福和幸运了吧。